T0087129

CONTENTS

BLAME

Written by Adam Wiles, John Newman and James Newman

Can't be sleep - ing, keep on wak - ing with-out the wo-man next to me. Guilt is burn - ing, in-side I'm hurt - ing, this ain't a feel-ing I can keep. So blame it on the

don't blame it on___ me, so blame it on the night.___

Don't blame it on___ me, don't blame it on___ me,

don't blame it on me.___

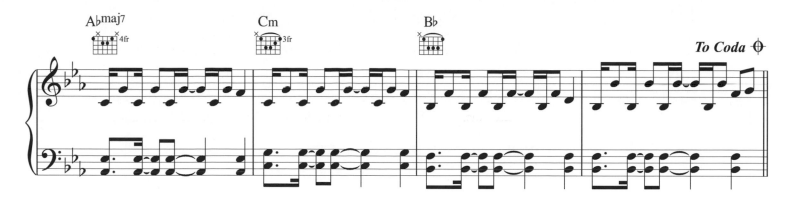

Can't you see it, I was___ ma-nip - u - la -ted, I had   to let her through the

door.____   Oh,____ I had no choice in this,____   I was the friend she missed,___

she need - ed me to talk.____ So blame it on the

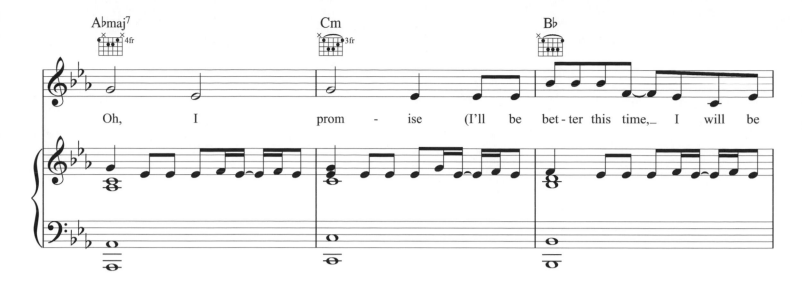

Oh, I prom - ise (I'll be bet - ter this time,_ I will be

bet-ter this)Don't blame it on me.____

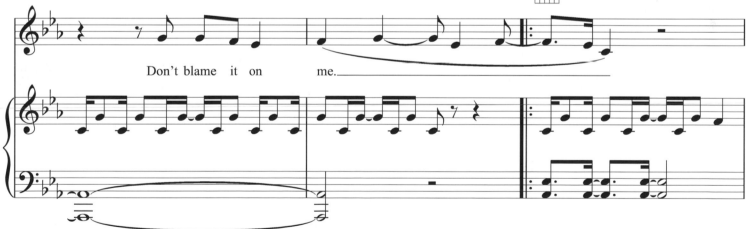

Don't blame it on me.____

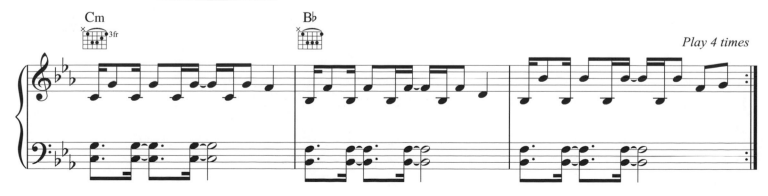

Play 4 times

BOUNCE

Written by Adam Wiles

now I'm feel-ing good.___ No way to stop it, now you

wish that you could, when the week-end comes I know I'll feel a - live.___

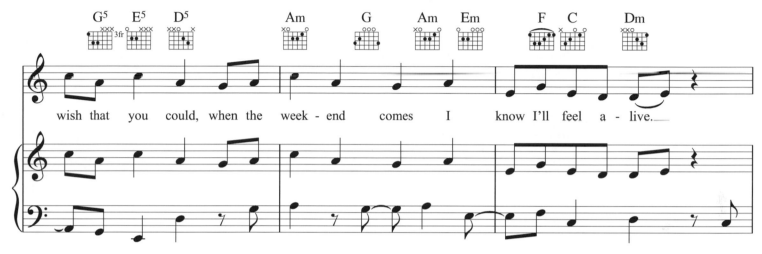

You will be the last thing on my mind,___ no re - grets, do you

know what that means? (Means? Means? Means?)

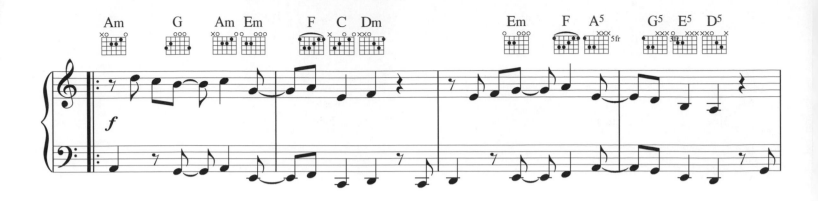

Well it's   hot,   it's loud,   it's

wild,   we bounce to this   track   and I don't care what   a - ny - bo - dy thinks a - bout

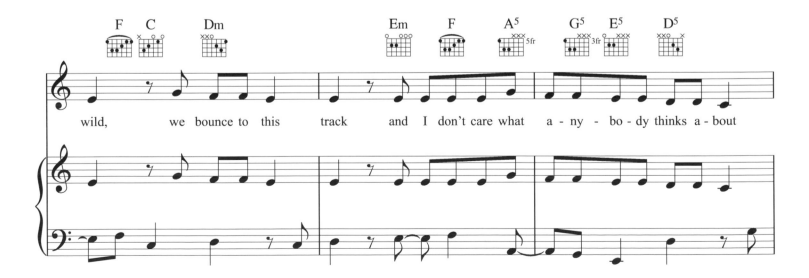

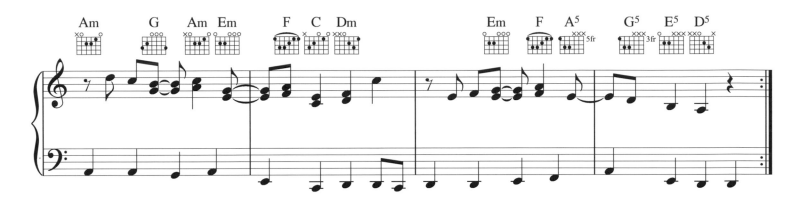

Bounce. Bounce.

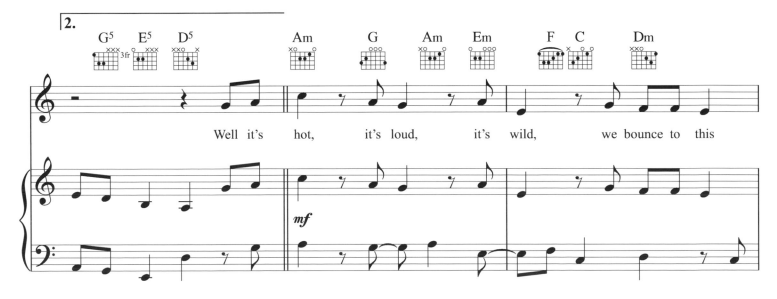

Well it's hot, it's loud, it's wild, we bounce to this

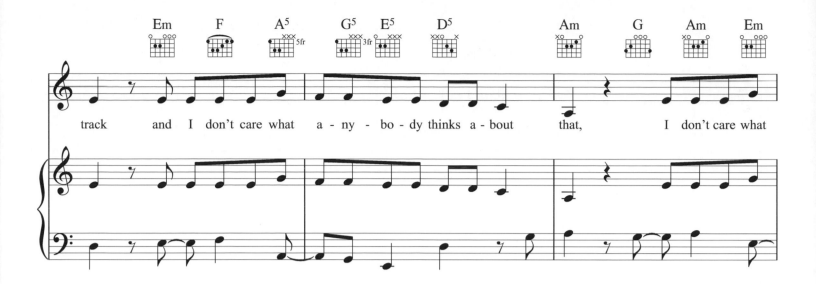

track   and I don't care what   a - ny - bo - dy thinks a - bout   that,   I don't care what

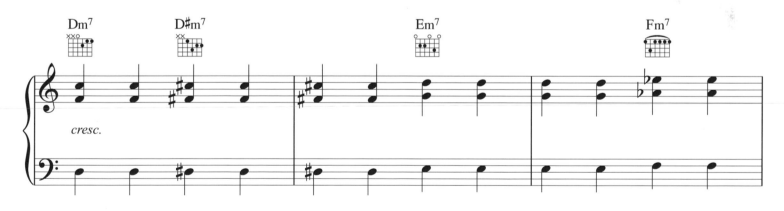

a - ny - bo - dy thinks a - bout   that, (that,   that,   that,   that,   that,   that   that.)

cresc.

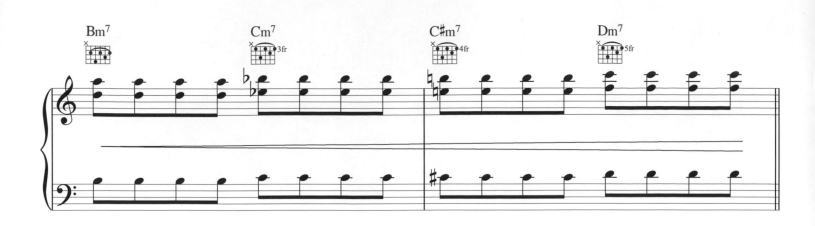

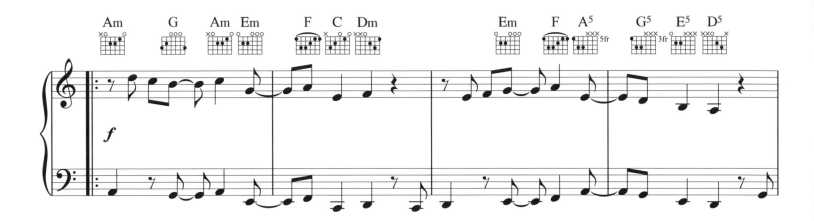

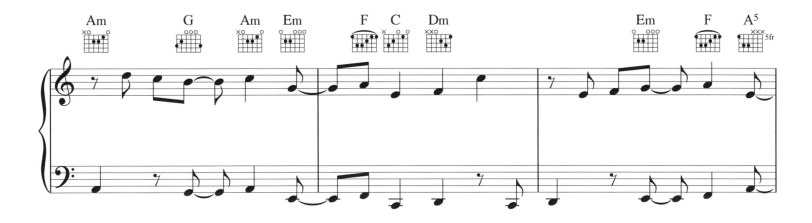

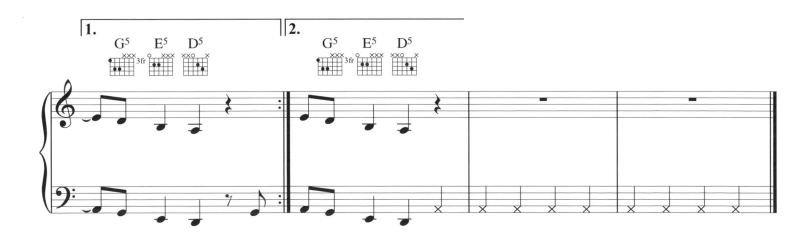

DRINKING FROM THE BOTTLE

Written by Adam Wiles, Mark Knight, Patrick Okogwu and James Reynolds

17

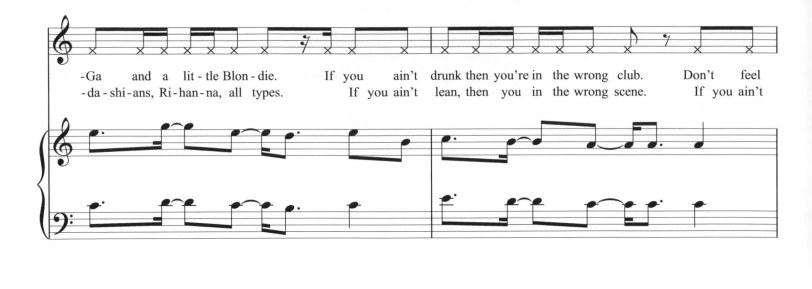

-Ga   and a lit - tle Blon - die.   If you   ain't   drunk then you're in the wrong club.   Don't   feel
-da - shi - ans, Ri - han - na, all types.   If you ain't   lean, then you in the wrong scene.   If you ain't

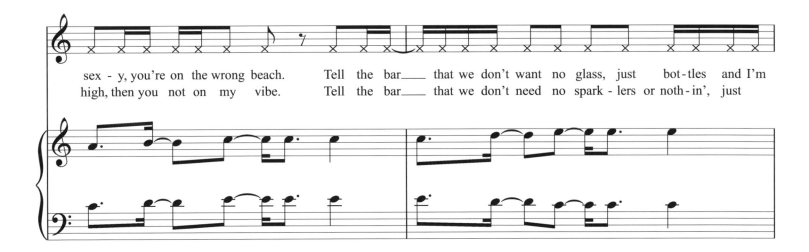

sex - y, you're on the wrong beach.   Tell the bar___ that we don't want no glass, just   bot - tles and I'm
high, then you not on my vibe.   Tell the bar___ that we don't need no spark - lers or noth - in', just

Am

buy - ing ev - 'ry - bo - dy one each. }   Yeah, so   bring the Veuve___ Clic - quot,   D a - bout to
keep the bot - tles com - ing all night. }

f

hit the big___ 3 - 0, par-ty like it's car-ni-val___ in Ri - o, life's too

short, Dan-ny De-Vi - to. Yo, we live, we die, we give, we try, we

kiss, we fight: All___ so we can have a good time. I'm

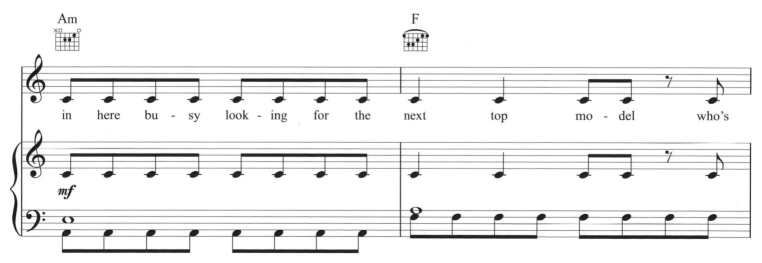

Am   F

in here bu - sy look - ing for the next top mo - del who's

wear-ing some-thing new and some-thing old and some-thing bor-rowed. I

know this cra-zy life can be a bit-ter pill to swal-low, so for-

-get a-bout to-mor-row. To - night, we're drink-ing from the

bot - tle.

We're drink - ing from the bot - tle.

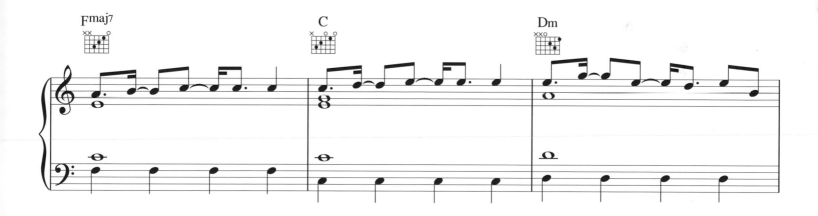

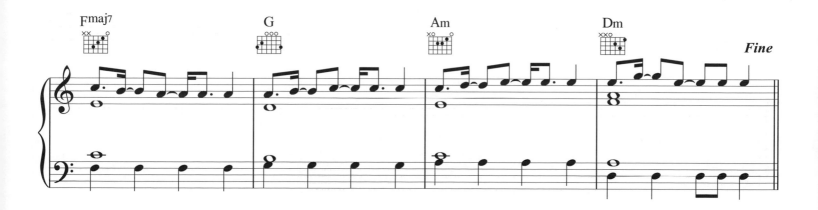

Fine

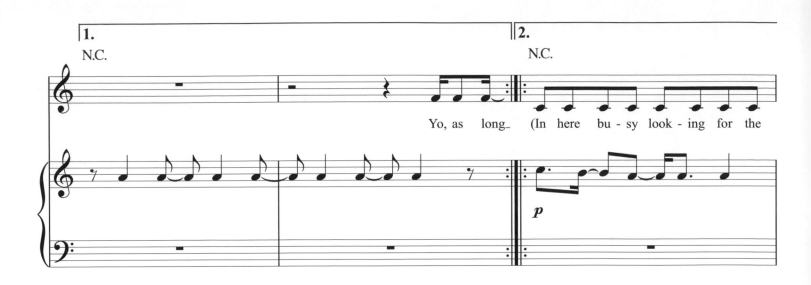

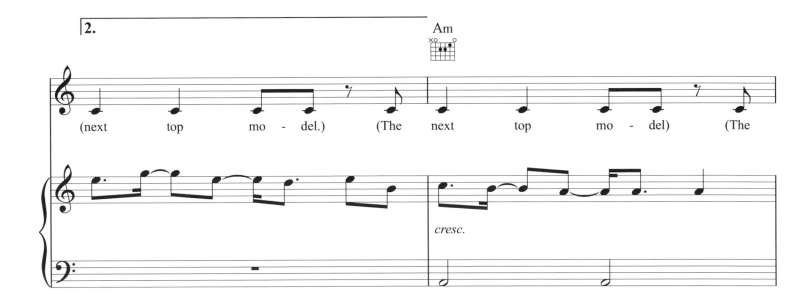

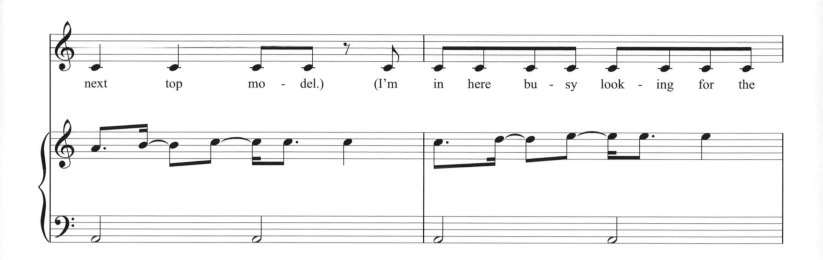

next top mo - del.) (I'm in here bu - sy look - ing for the

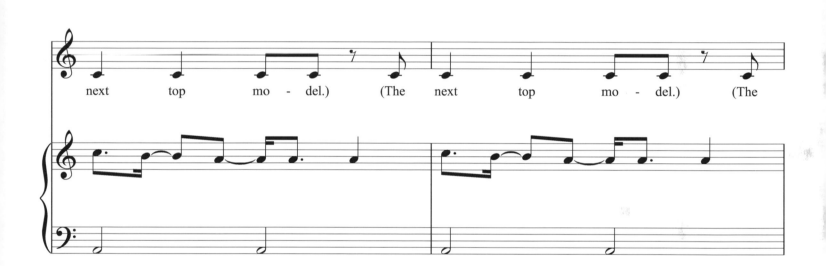

next top mo - del.) (The next top mo - del.) (The

D.S. al Fine

next top, next top.) To - night, we're drink - ing from the

23

FEEL SO CLOSE

Written by Adam Wiles

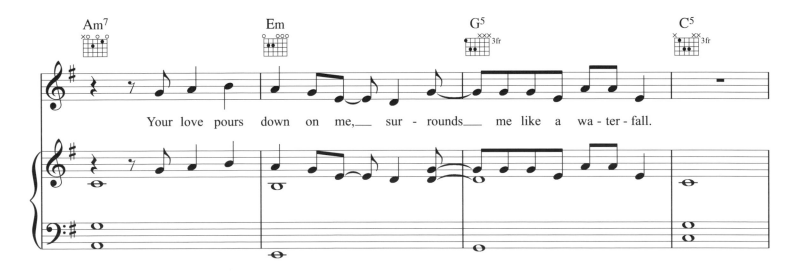

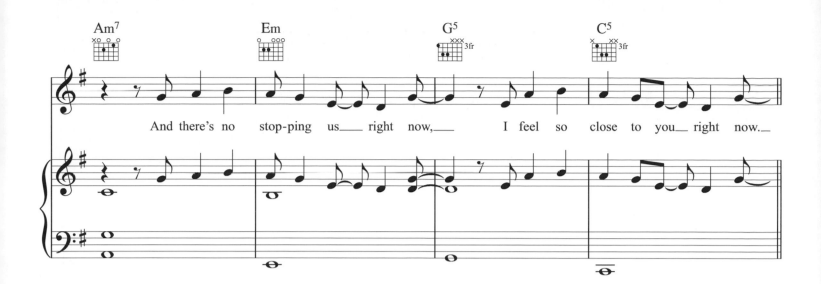

And there's no stop-ping us___ right now,___ I feel so close to you___ right now.___

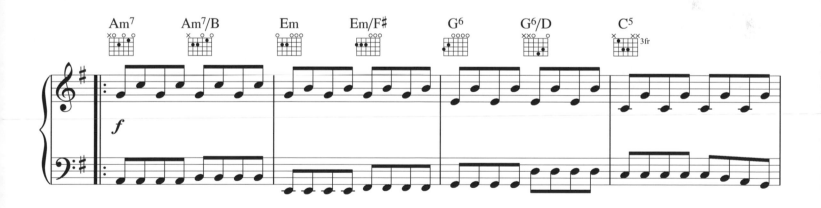

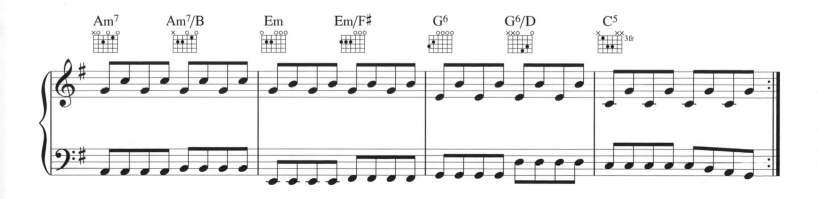

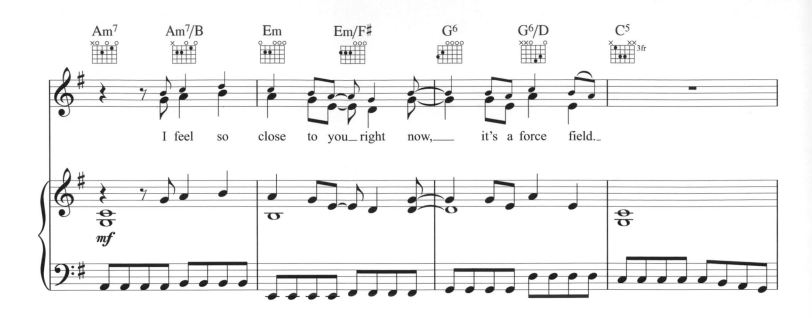

I feel so close to you right now,___ it's a force field.___

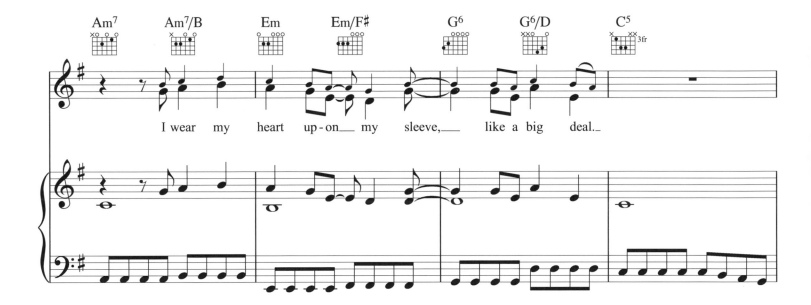

I wear my heart up-on___ my sleeve,___ like a big deal.___

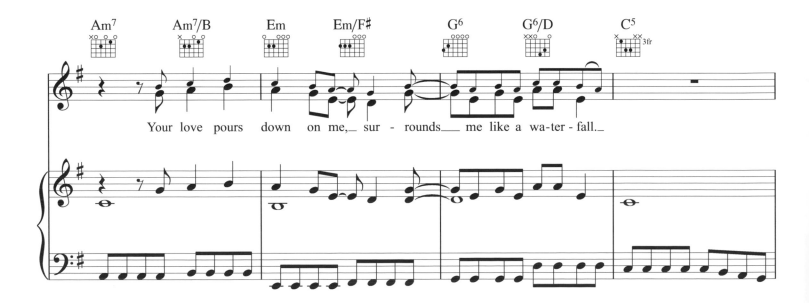

Your love pours down on me,___ sur - rounds___ me like a wa-ter-fall.___

And there's no stop-ping us___ right now,___ I feel so close to you___ right now.___

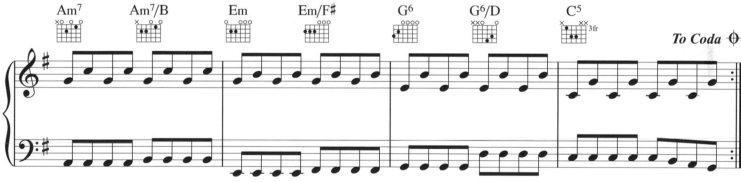

And there's no stop-ping us___ right now.___

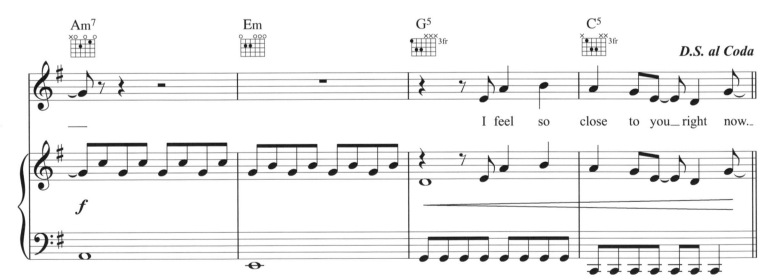

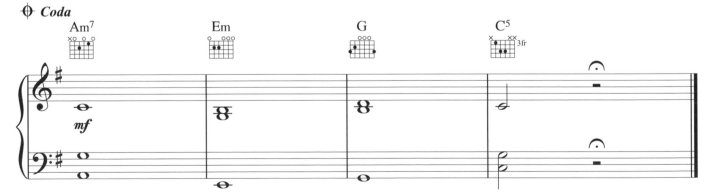

28

FEELS

Written by Adam Wiles, Pharrell Williams,
Brittany Hazzard, Sean Anderson and Katy Perry

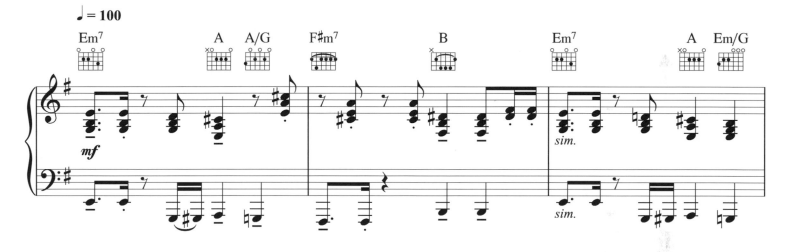

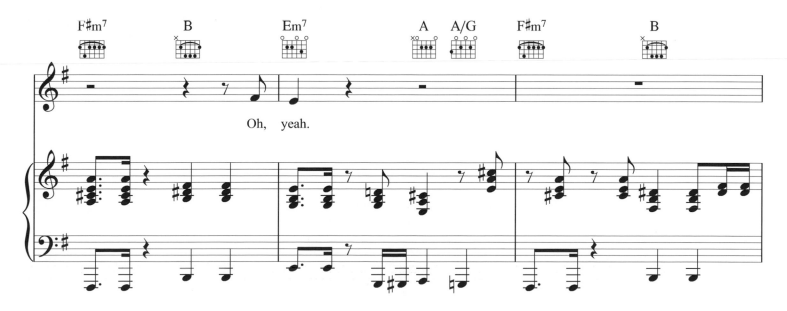

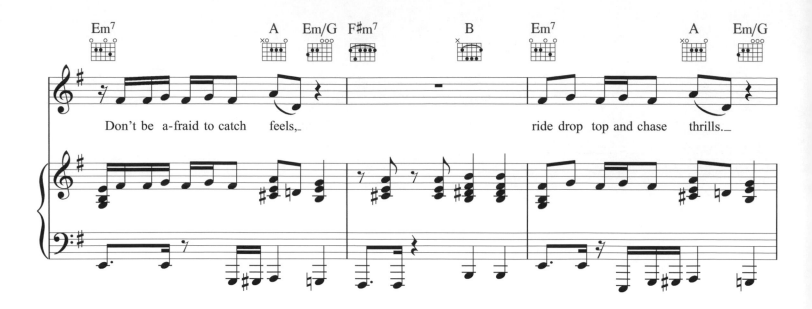

Don't be a-fraid to catch feels,___ ride drop top and chase thrills.___

I know you ain't a-fraid to pop pills,___ ba-by,

To Coda ⊕

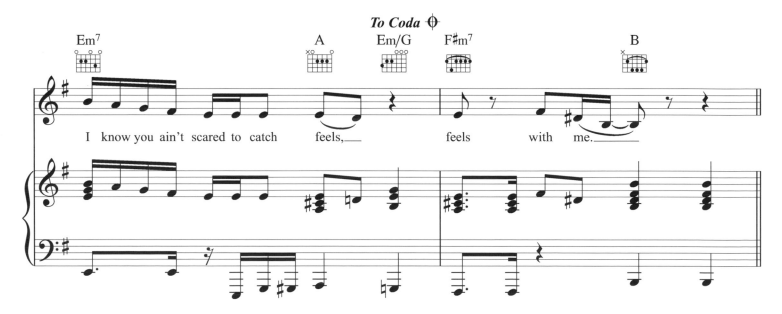

I know you ain't scared to catch feels,___ feels with me.___

D.S. al Coda

34

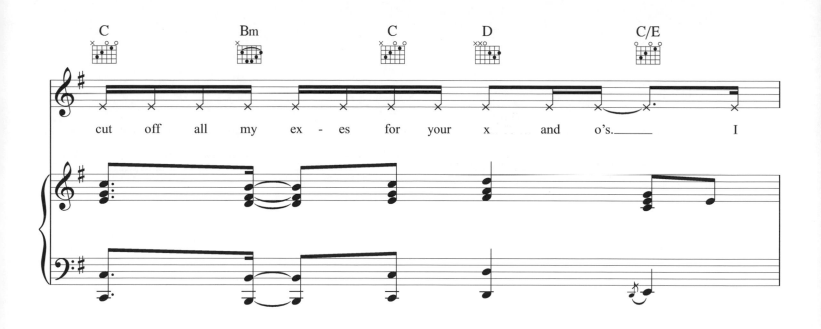

cut off all my ex - es for your x and o's._____ I

feel my old flings was just__ pre-par-ing me. When I say I want you, say it back, pa - ra-keet. Fly you

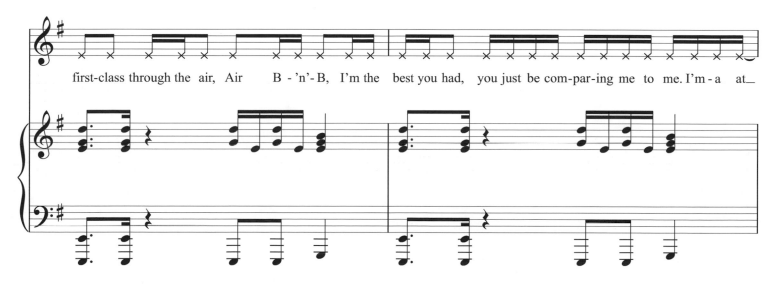

first-class through the air, Air B -'n'- B, I'm the best you had, you just be com-par-ing me to me. I'm-a at__

this at you if I put you on my phone and up - load - ed it, it get max - i - mum views. I

came through in the clutch with lip-sticks and phones, wore yo fav co-logne just to get you a - lone.

(Vocal ad lib.)

Don't be a - fraid to catch feels,___

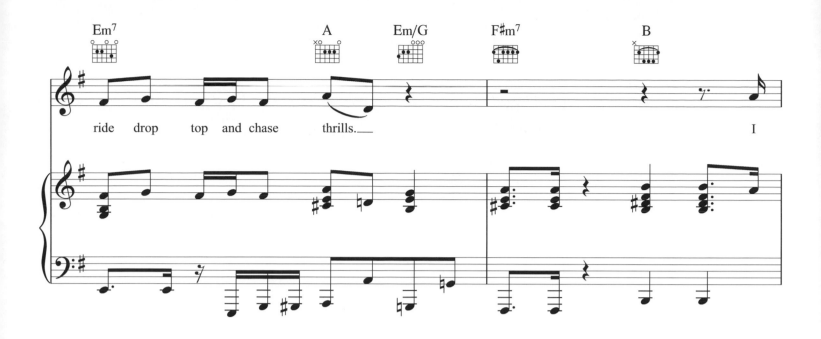

ride drop top and chase thrills.____ I

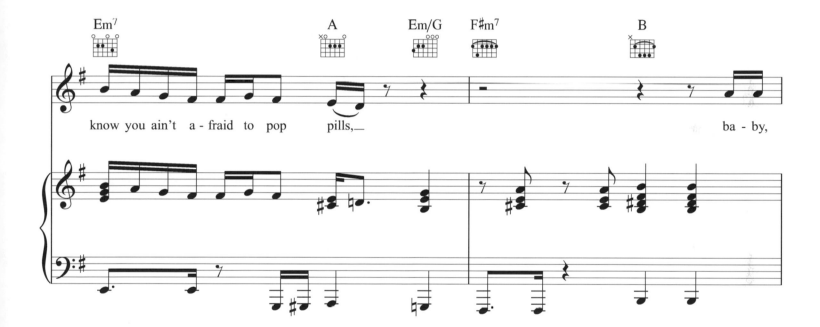

know you ain't a-fraid to pop pills,____ ba - by,

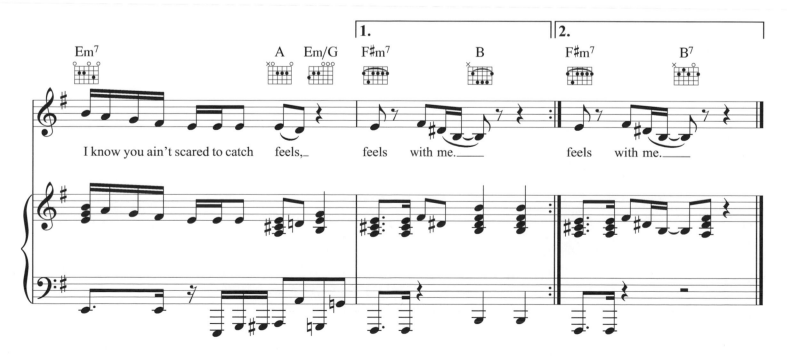

1. **2.**

I know you ain't scared to catch feels,___ feels with me.____ feels with me.____

HEATSTROKE

Written by Adam Wiles, Robin Braun, Ariana Grande, Brittany Hazzard,
Cecilie Karshoj, Jeffrey Lamar Williams and Pharrell Williams

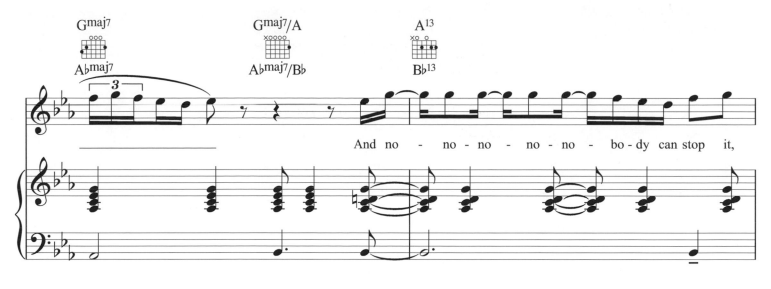

And no - no-no - no-no - bo - dy can stop it,

the love_____ you got from_____ me._____

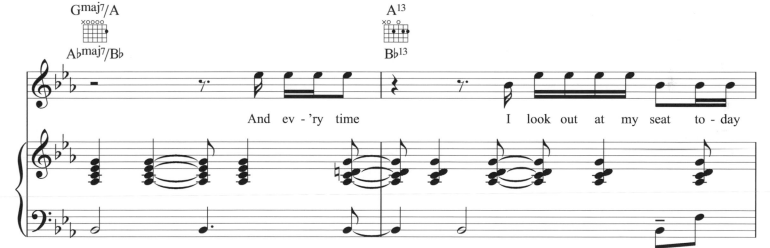

And ev-'ry time   I look out   at my seat   to - day

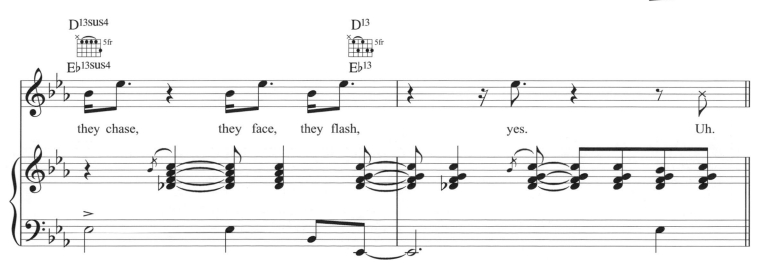

they chase,   they face,   they flash,   yes.   Uh.

lease, let go and have a good____ time.____

Have a good, have a good time.____

Have a good, have a good time.____

Re - lease, let go and have a good____ time.____

Let's have a good, have a good time.

Ah, ah.____ When you do things____

like this____ and you____ set__ me free._____ How can a-ny-one get tired?__

_____ When you do things____ like this____ and you____

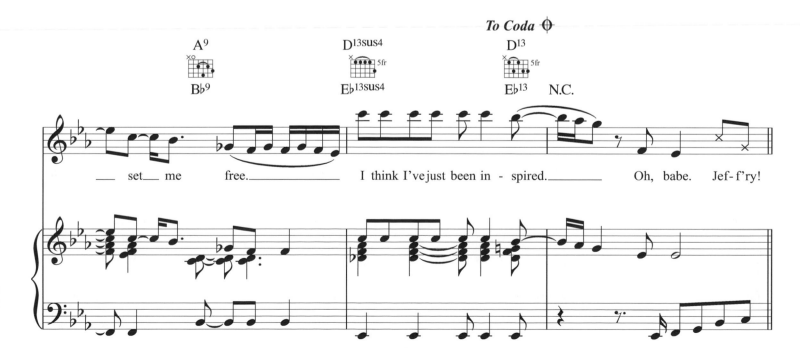

___ set__ me free._____ I think I've just been in-spired._____ Oh, babe. Jef-f'ry!

When you do things__ like this__ and you__ set__ me free, boy.__

How can a-ny-one get tired?_____ When you do things__ like this__ and you

__ set__ me free.__ I think I've just been in - spired._____ Oh, babe.

HOW DEEP IS YOUR LOVE

Written by Adam Wiles, Gavin Koolmon,
Luke McDermott, Nathan Duvall and Ina Wroldsen

Let me roam__ your bo - dy free - ly,

no in - hi - bi - tion, no fear. How deep is__ your

E5 Cmaj7 Asus2

love? Is it like the o - cean? What de - vo - tion are you?

mf

E5 Cmaj9

How deep is__ your love? Is it like nir - va - na? Hit me hard -

-er,   a - gain.   How deep is__ your love?_____

How   deep is__ your love?_____   How   deep   is__ your

love?   Is it like the o - cean?   Pull me clos - er,   a - gain

How deep is__ your love?   Ahh,_____ ooh.   Ahh,_____ ooh.

Ahh,_____ ooh. How deep is____ your love? Ahh,_____ ooh.

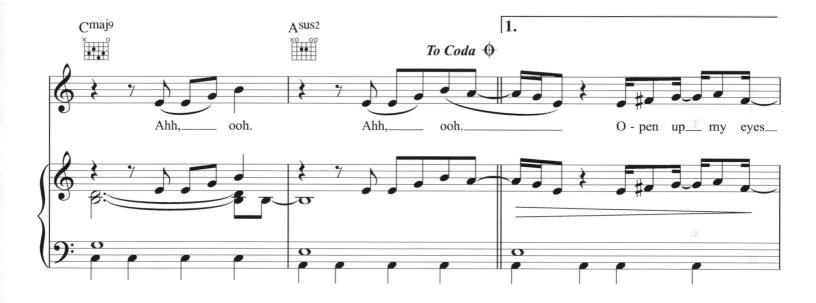

Ahh,_____ ooh. Ahh,_____ ooh._____ O - pen up___ my eyes___

____ and tell me who_ I am.____

Let me in___ on all___ your se - crets,

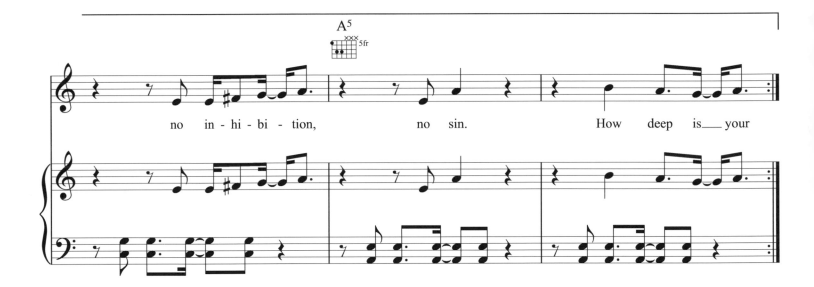

no in - hi - bi - tion, no sin. How deep is___ your

2.

How deep is___ your love?___ (So tell me how___ deep is___ your love,___

mp

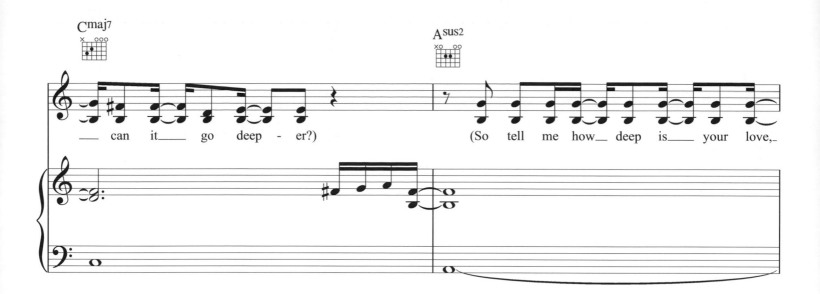

Cmaj7

_ can it_ go deep - er?)

Asus2

(So tell me how_ deep is_ your love,_

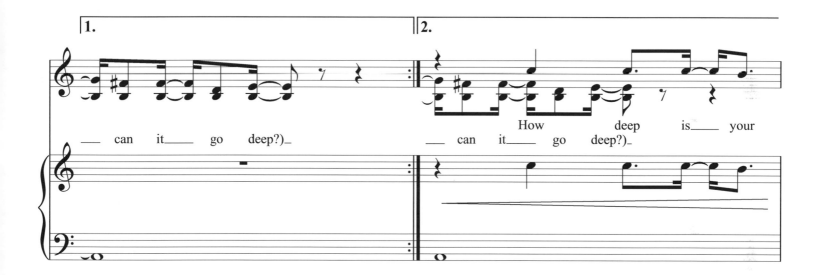

1.

_ can it_ go deep?)_

2.

_ can it_ go deep?)_

How deep is_ your

Cmaj7

love?_____

(So tell me how_ deep is_ your love,_ can it_ go deep - er?)

mf

(So tell me how_ deep is_ your love,_ can it_ go deep?)_

How deep is_ your

love?_____

(So tell me how_ deep is_ your love,_ can it_ go deep-er?)

Pull me clos-

D.S. al Coda

-er

(So tell me how_ deep is_ your love,)_

a - gain.

How deep is_ your

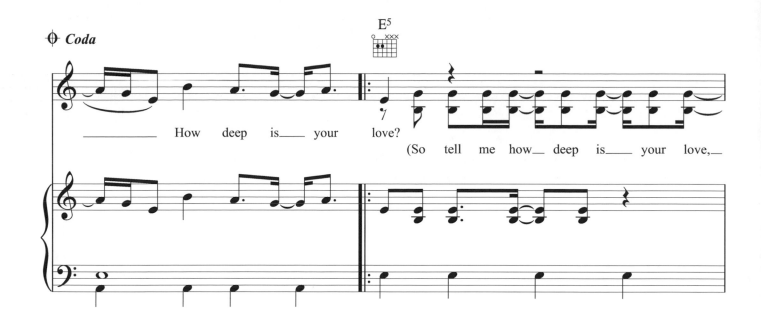

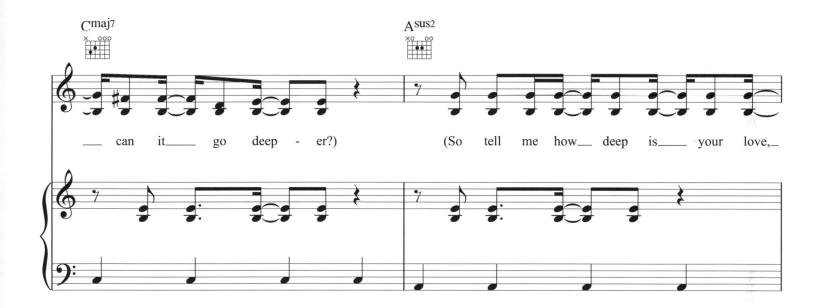

GIANT

Written by Adam Wiles, Jamie Hartman, Rory Graham and Troy Miller

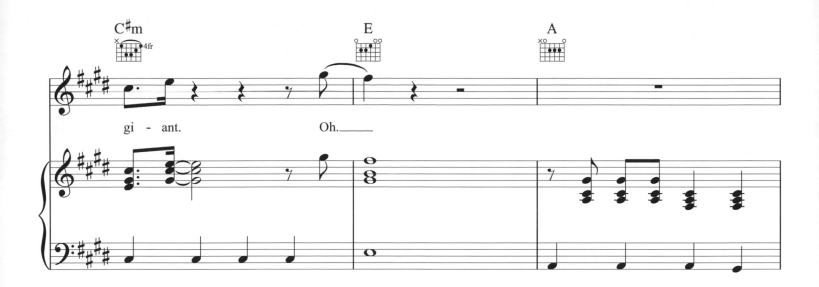

gi - ant.   Oh._____

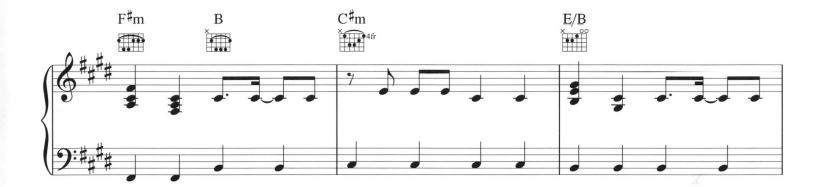

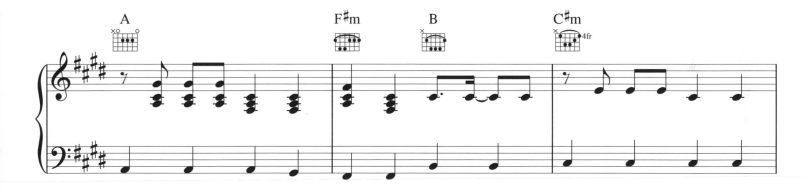

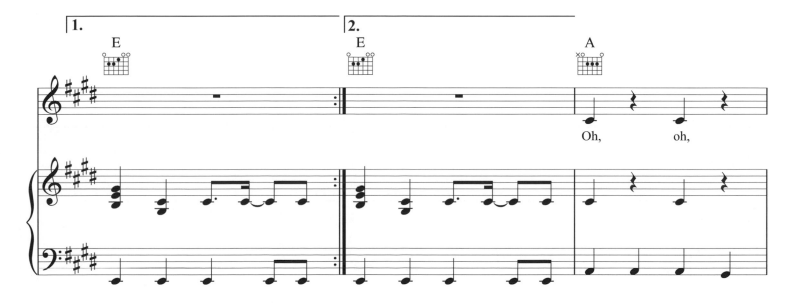

Oh,   oh,

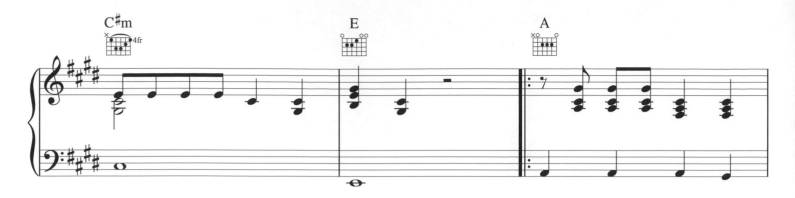

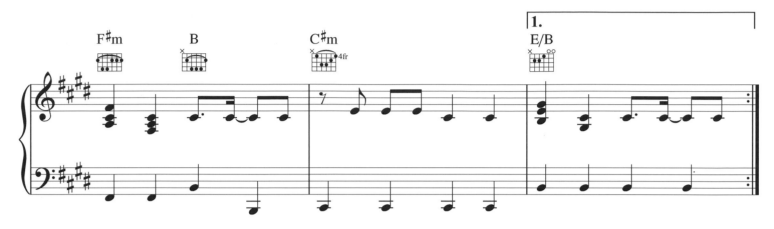

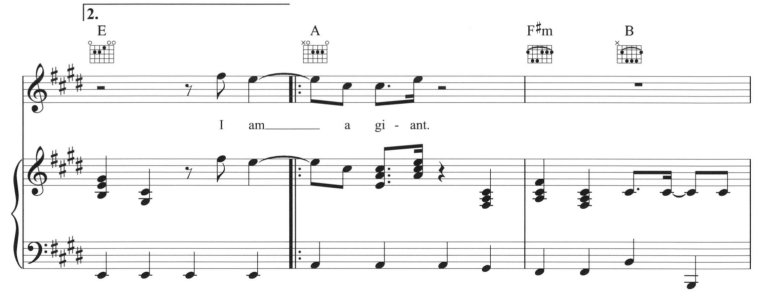

I am_____ a gi - ant.

I am____

I'M NOT ALONE

Written by Adam Wiles

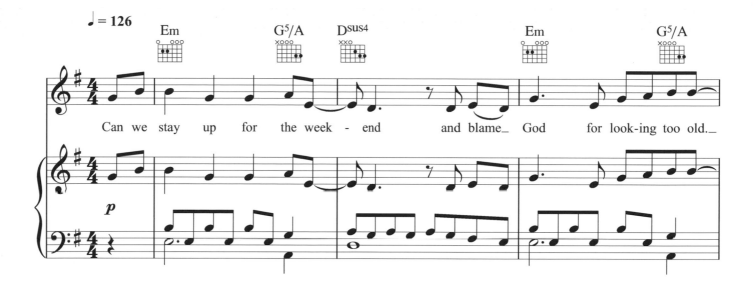

Can we stay up for the week - end and blame_ God for look-ing too old._

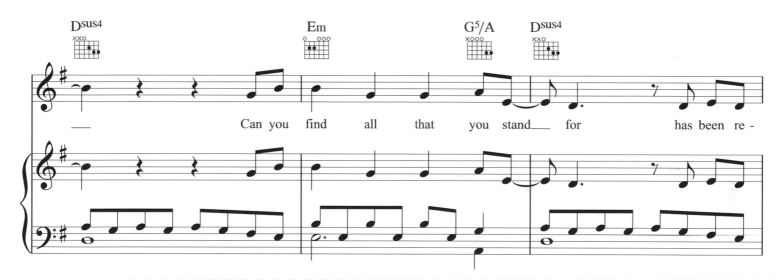

_ Can you find all that you stand_ for has been re -

-placed with moun-tains of gold._ You can-not dream you - self to no-

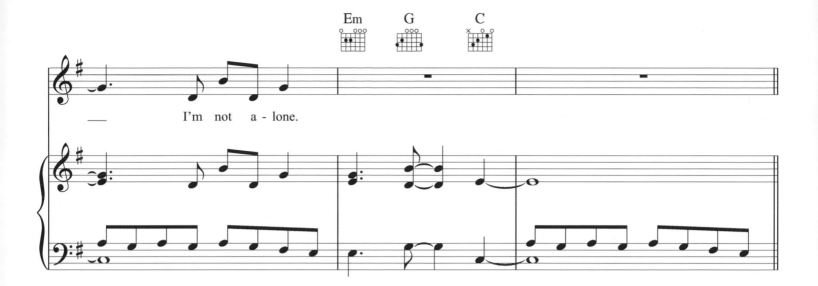

I'm not a - lone.

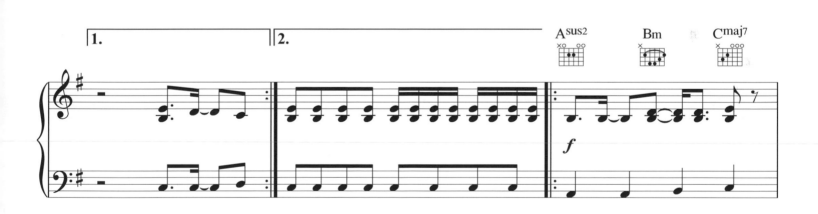

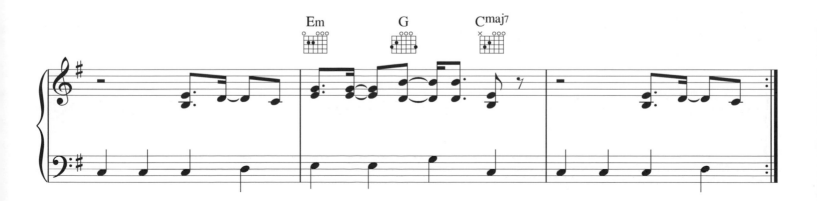

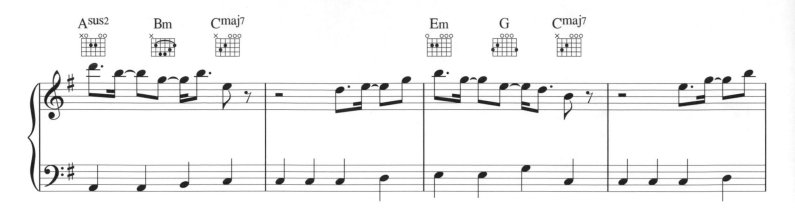

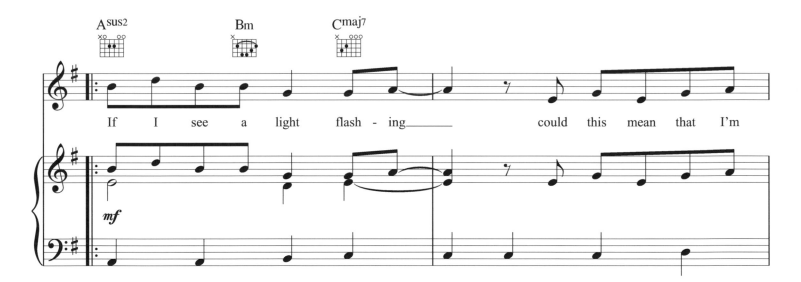

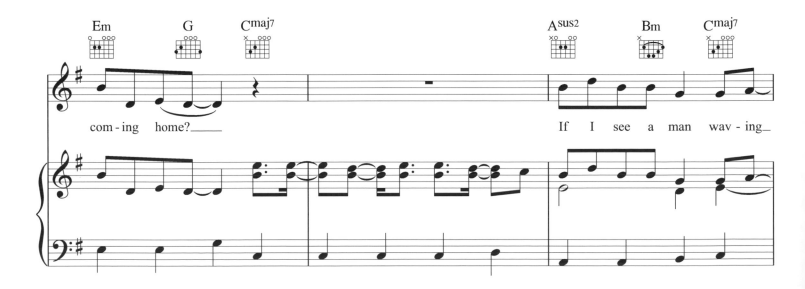

does this mean that I'm not a - lone?_____

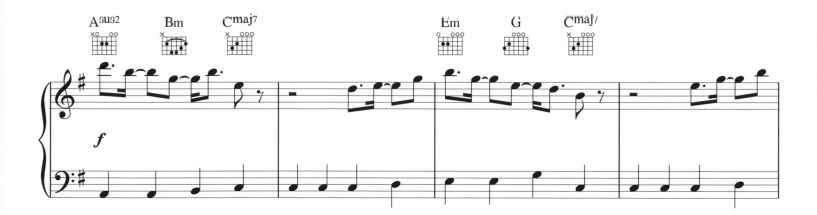

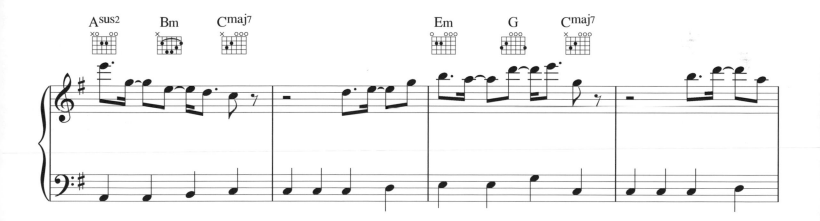

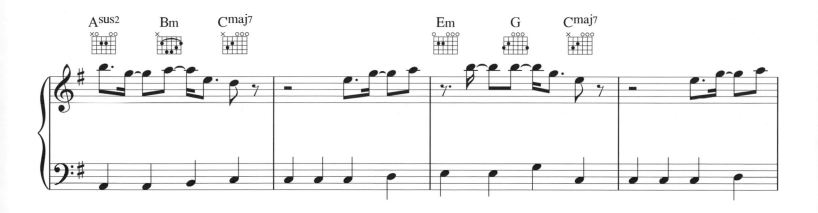

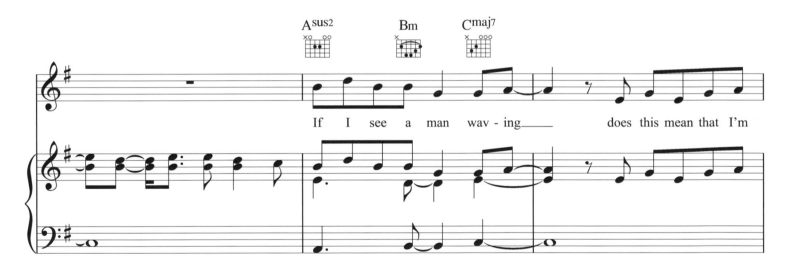

If I see a light flash-ing_____ could this mean that I'm com-ing home?_____

If I see a man wav-ing_____ does this mean that I'm

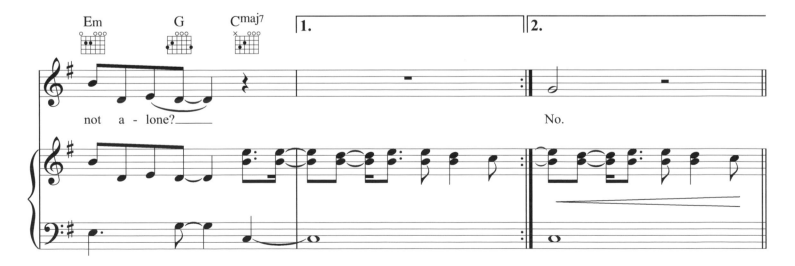

not a - lone?_____   No.

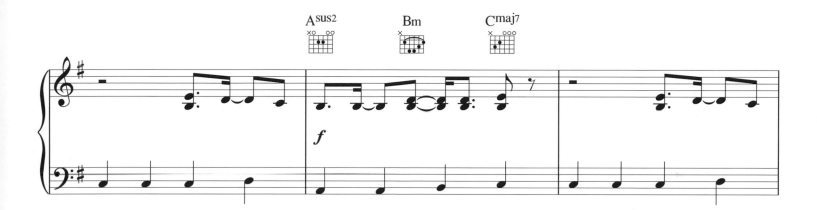

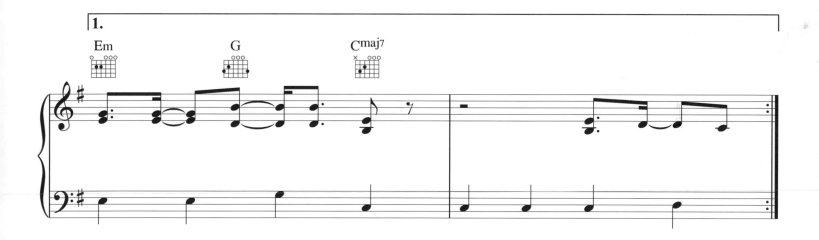

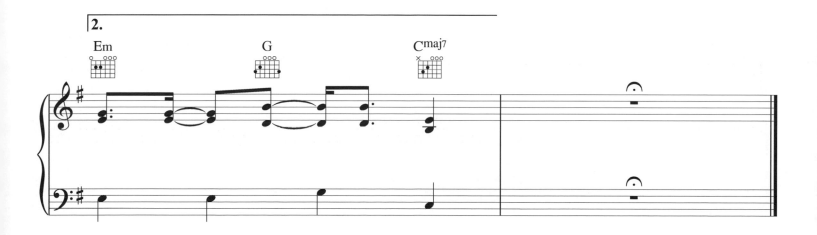

I NEED YOUR LOVE

Written by Adam Wiles and Elena Goulding

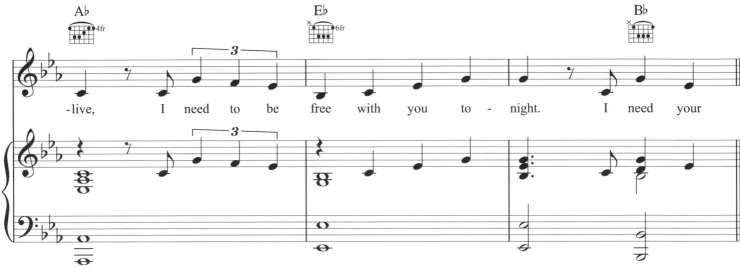

love.

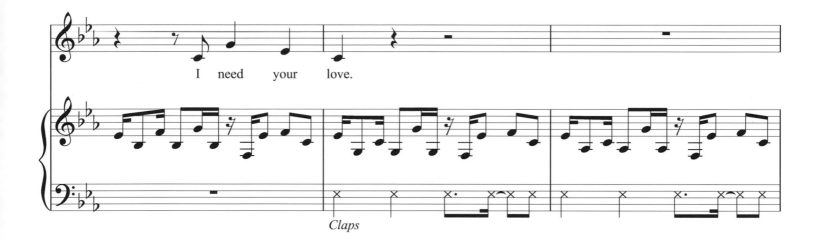

I need your love.

Claps

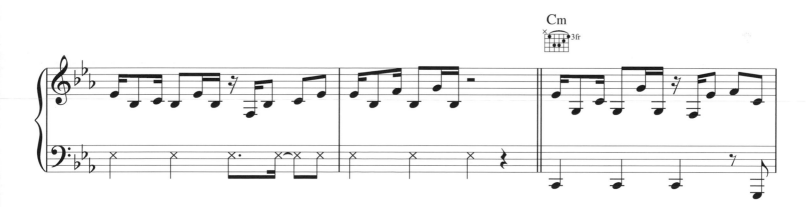

Cm

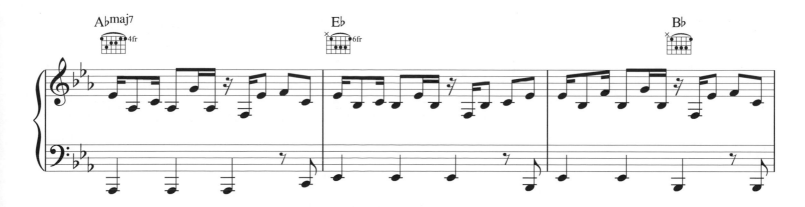

A♭maj7   E♭   B♭

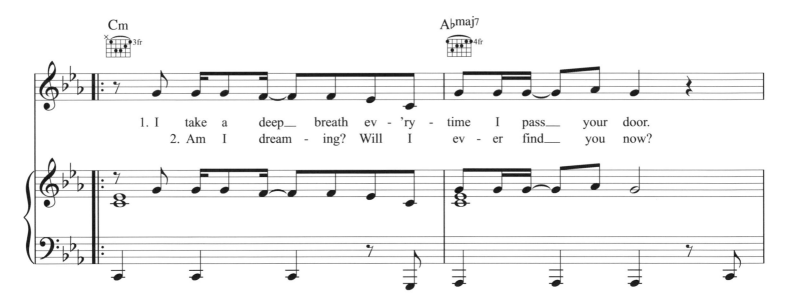

1. I take a deep___ breath ev - 'ry - time I pass___ your door.
2. Am I dream - ing? Will I ev - er find___ you now?

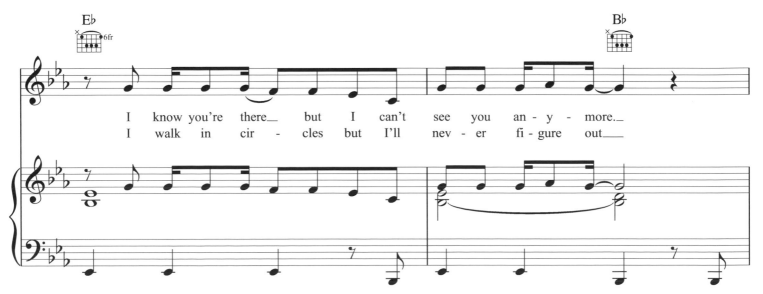

I know you're there___ but I can't see you an - y - more.___
I walk in cir - cles but I'll nev - er fi - gure out___

same? Hold me in your mind__ a - gain._____ I need your

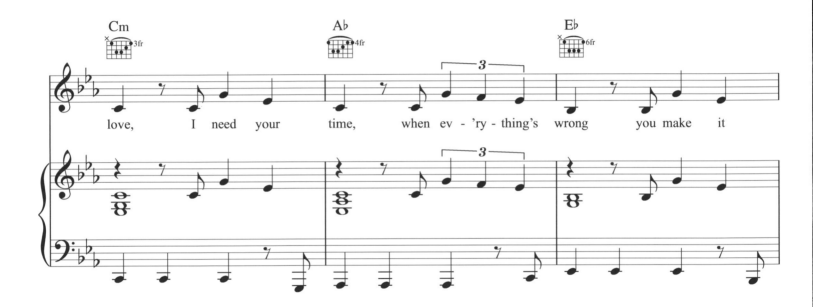

love, I need your time, when ev - 'ry - thing's wrong you make it

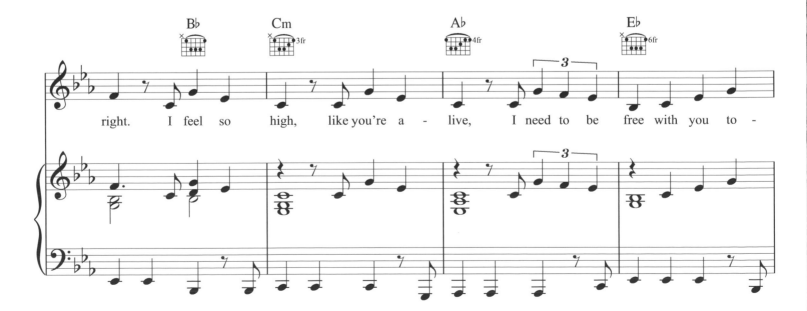

right. I feel so high, like you're a - live, I need to be free with you to -

-night. I need your love.

I need your love.

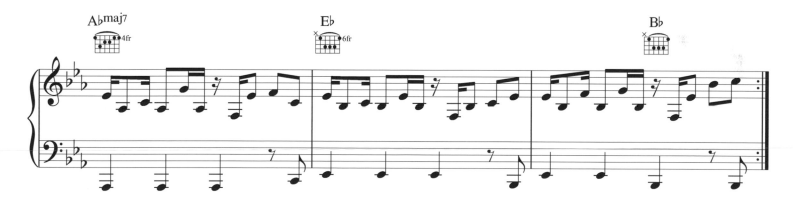

All the years, all the times you have nev - er been_ to

Cm

blame.
(And now my eyes_ are o - pen. And now my heart_ is clos - ing.)
And all the tears,_

A♭

_ all the lies,_ all the ways_ I've been try-ing to make a change._

Cm

_ (And now my eyes_ are o - pen.)
I need your

A♭maj7

love, I need your time. When ev - 'ry - thing's

wrong you make it right, I feel so high, I come a -

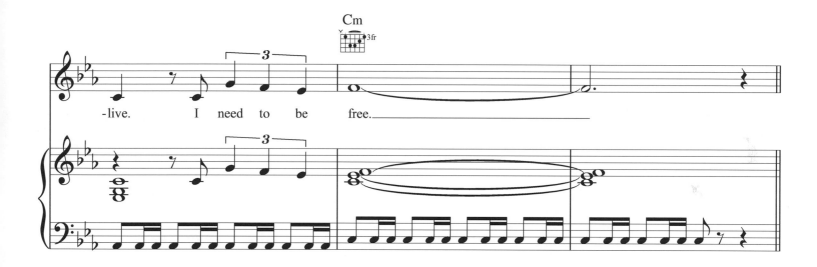

-live. I need to be free.

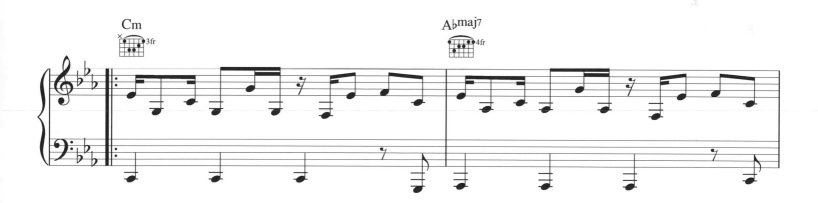

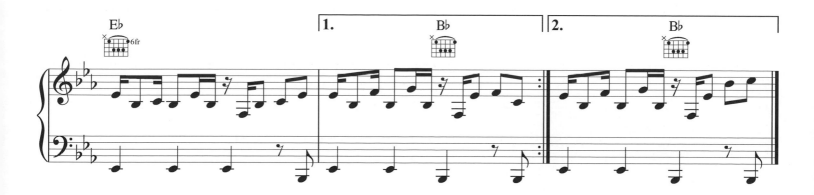

LET'S GO

Written by Shaffer Smith, Adam Wiles and Ellen Pietropaoli

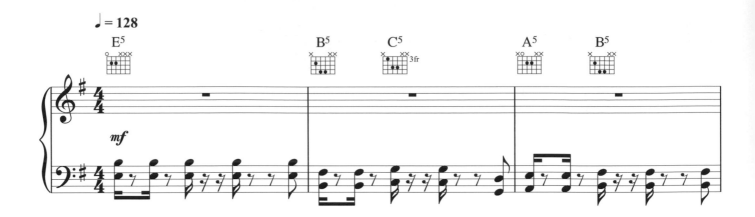

Let's go!___

1. Make no ex - cus - es___ now,___ I'm talk-ing
2. There is no bet - ter___ time,___ I'm talk-ing

here and___ now, I'm talk-ing here and___ now. Let's go!___ Your time is
here and___ now, I'm talk-ing here and___ now. Let's go!___ Right now is

run - ning__ out,_____ } I'm talk - ing here and__ now, I'm talk - ing
where you__ shine,_____

here and__ now. It's not a - bout what__ you've done, it's__ a - bout what__ you do - ing.__

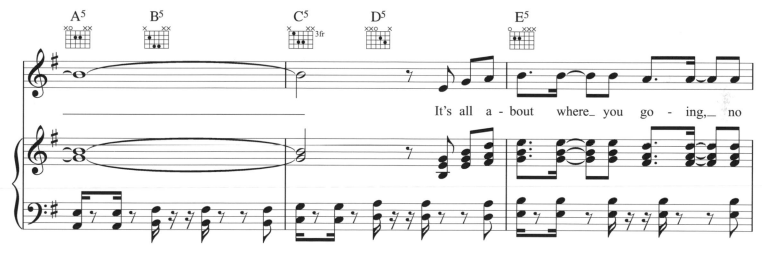

_____ It's all a - bout where__ you go - ing,__ no

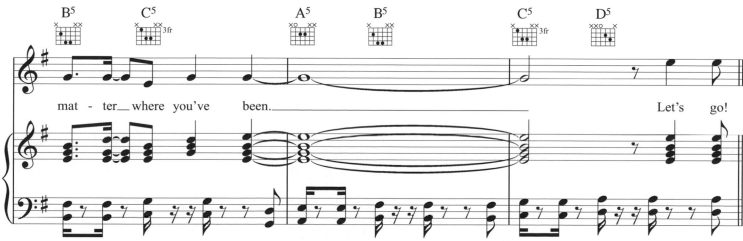

mat - ter__ where you've been._____ Let's go!

Let's   go!

Let's   go!

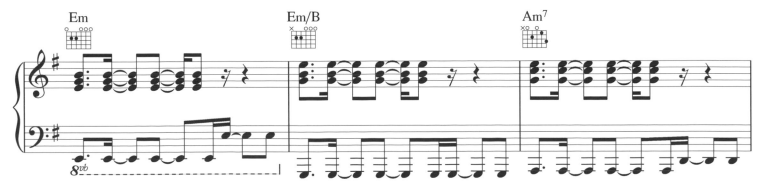

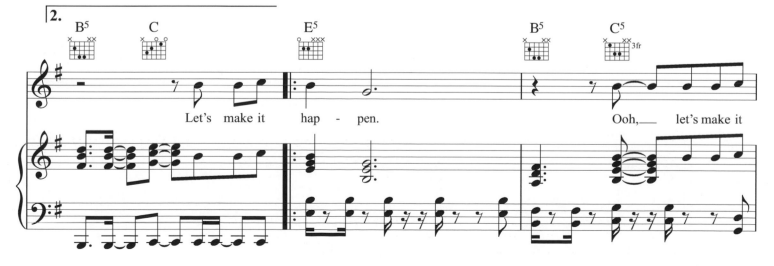

hap - pen to - night. Let's make it hap - pen.

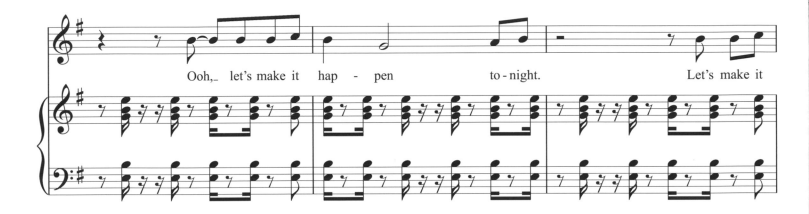

Ooh,_ let's make it hap - pen to - night. Let's make it

D.S. al Coda

hap - pen. Ooh, let's make it hap - pen to - night. Let's go!

Drums

Coda

Ooh._____ Let's go! *echo*

OUTSIDE

Written by Adam Wiles and Elena Goulding

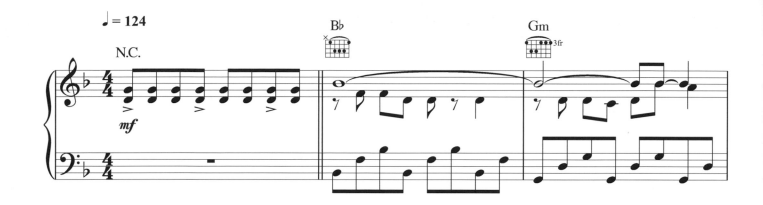

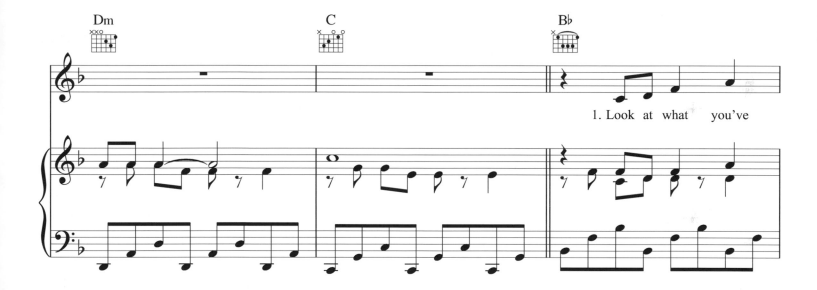

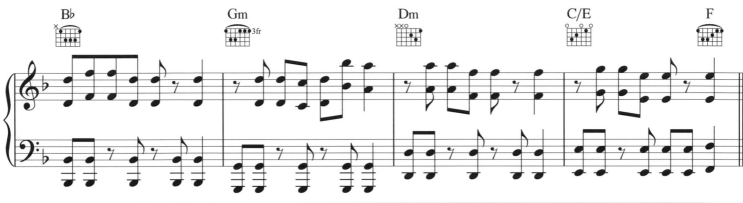

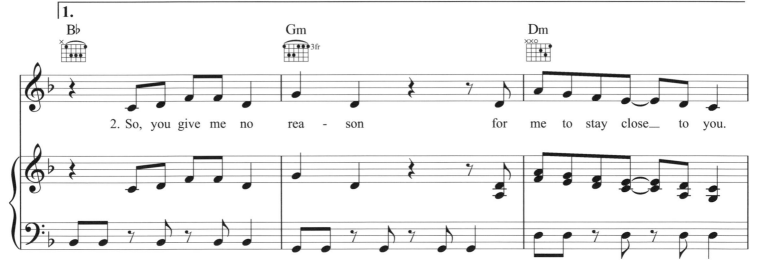

2. So, you give me no rea - son for me to stay close___ to you.

Tell me what lov - ers do. How are we still breath - ing? It's

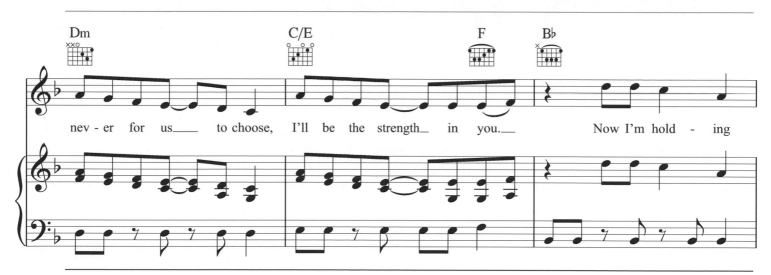

We did ev-'ry-thing right. Now I'm on the out - side.___

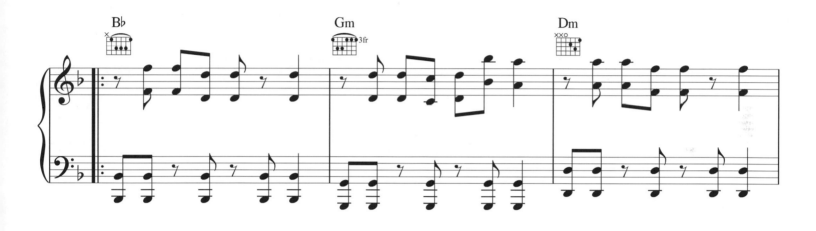

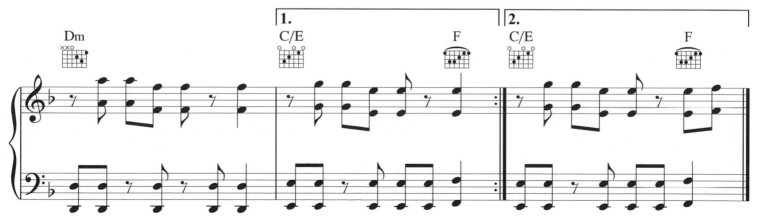

ONE KISS

Written by Jessica Reyes, Adam Wiles and Dua Lipa

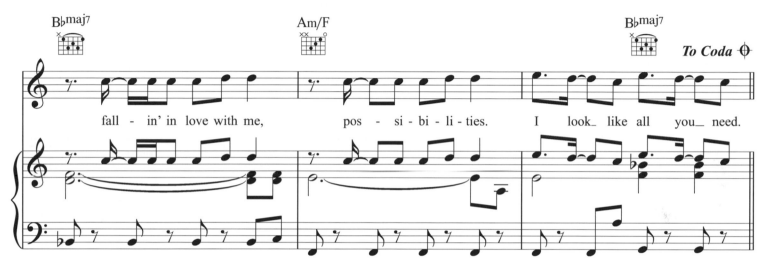

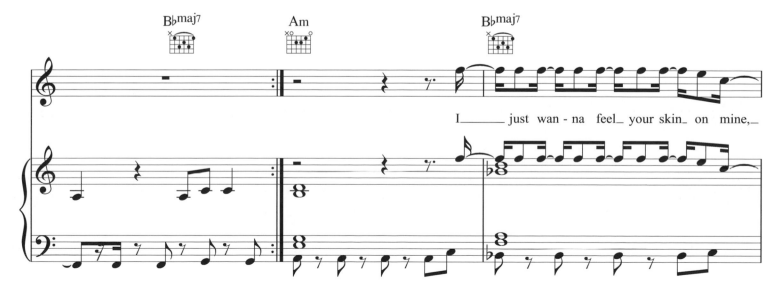

'cause I'm lost in the way you move,___ the way you feel..

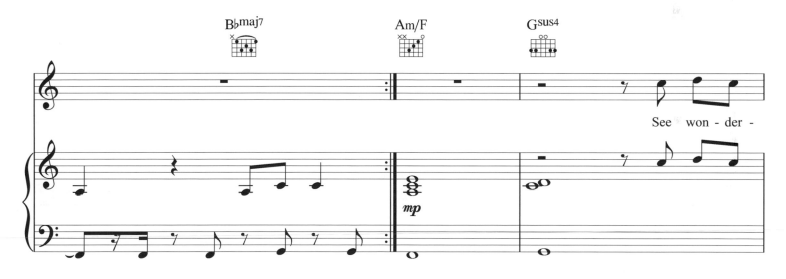

See won - der -

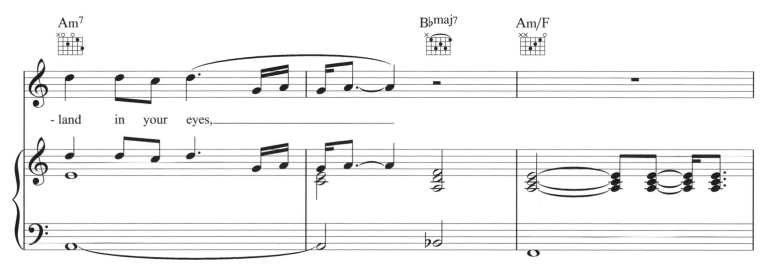

- land in your eyes,___

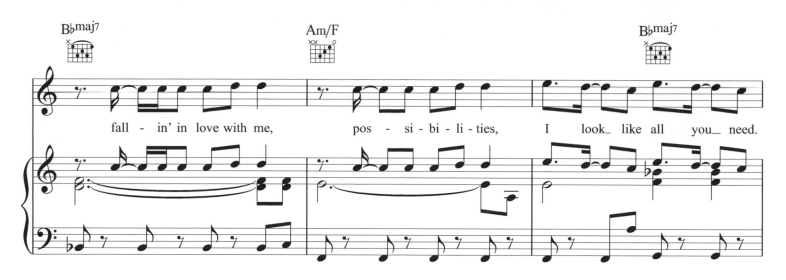

fall - in' in love with me, pos - si - bi - li - ties, I look_ like all you_ need.

One kiss_ is all it takes, fall - in' in love with me, pos - si - bi - li - ties,

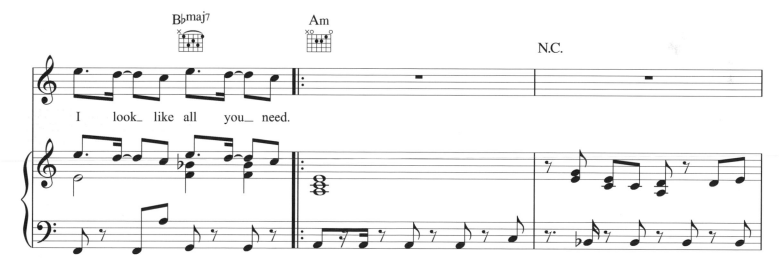

I look_ like all you_ need.

N.C.

1.

2.

MY WAY

Written by Adam Wiles

now I feel___ so far re - moved.___ You___

___ were the one thing in my way, you___ were the one thing in my way, you___

___ were the one thing in my way.___ You___ were the one thing in my way, you___

___ were the one thing in my way, you___ were the one thing in my way.___ My

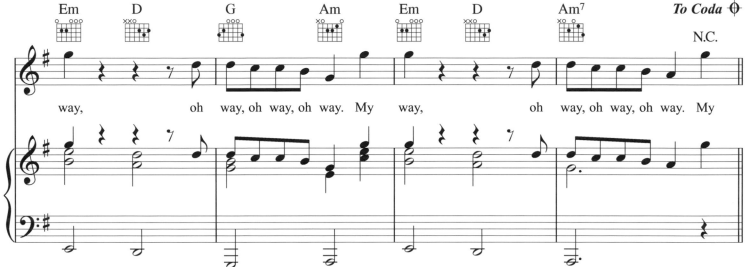

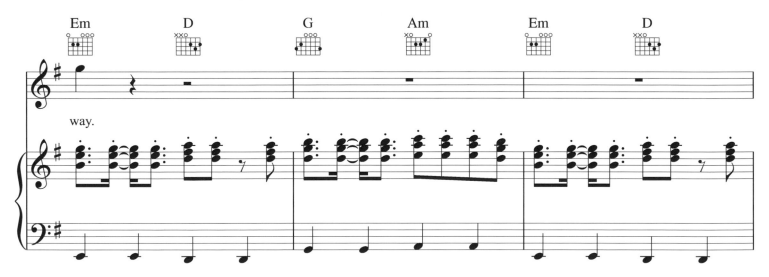

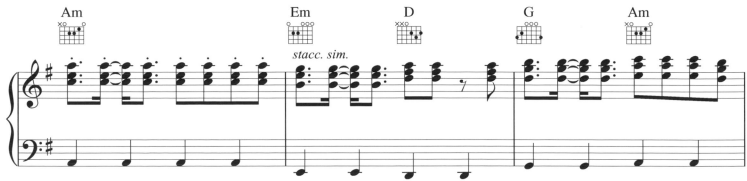

My way.

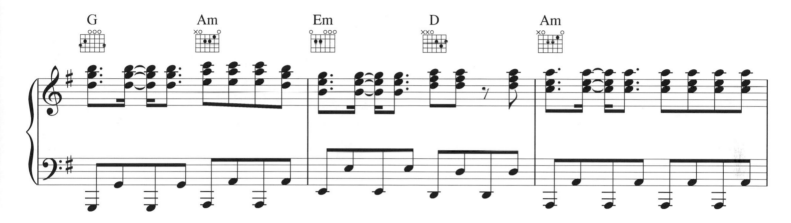

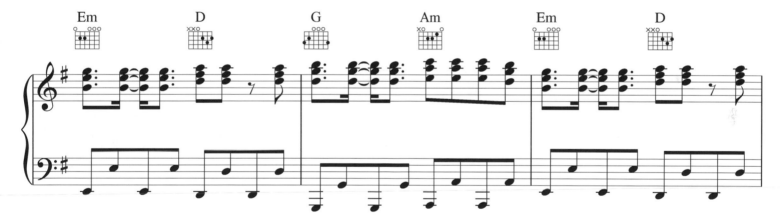

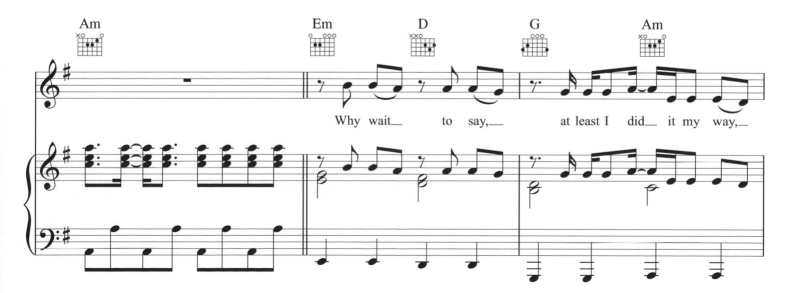

Why wait___ to say,___ at least I did___ it my way,___

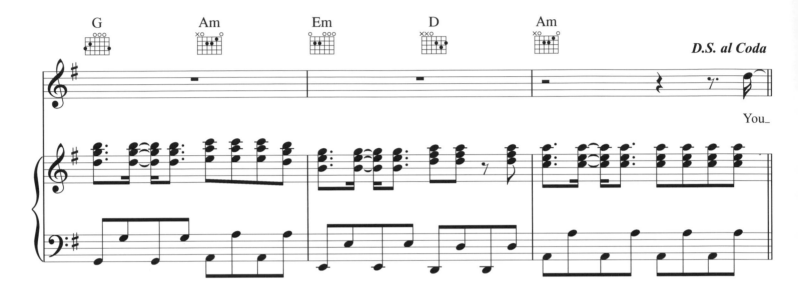

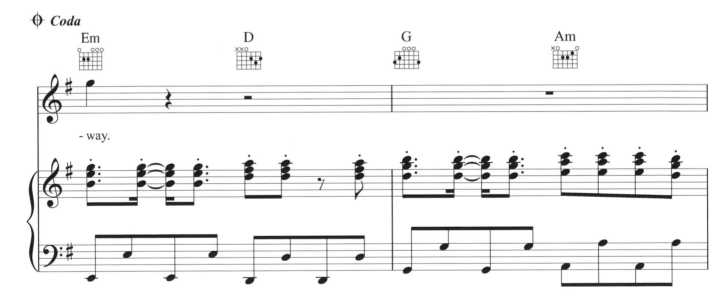

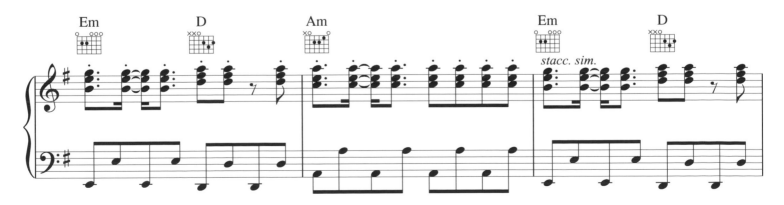

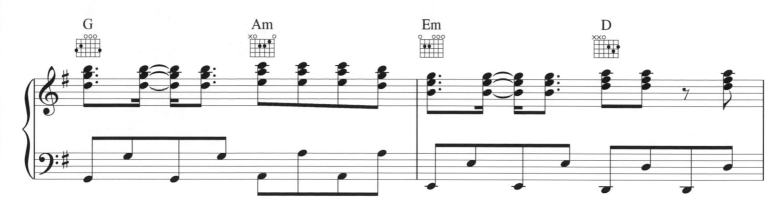

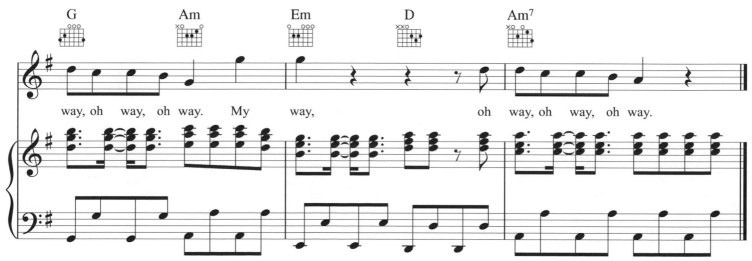

READY FOR THE WEEKEND

Written by Adam Wiles

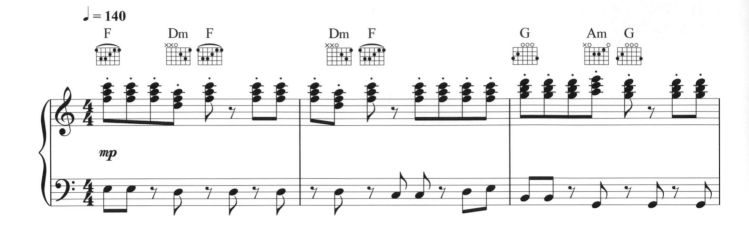

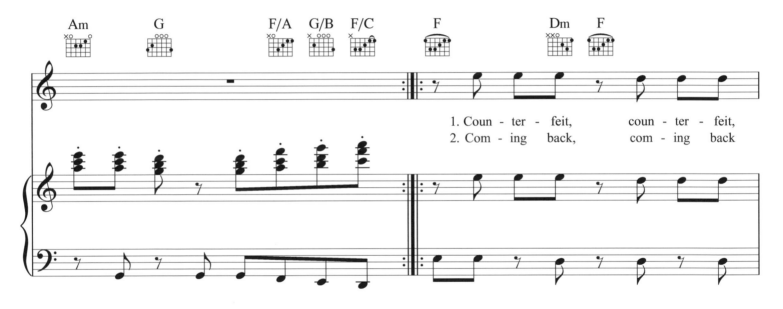

1. Coun - ter - feit, coun - ter - feit,
2. Com - ing back, com - ing back

that's what you're
to a place where

shout-ing at me.
I nev - er knew.

I could run___ but I'd soon - er have___ this and a - mi - ca - bly.___
Push-ing knobs,___ push-ing fad - ers, but I don't know what they do.___

___ Lick the blood___ stain from___ your fin - ger,
___ This re - flec - tion in___ my mir - ror

say what do you see.___ Re - mind you___ that what - ev -
re - minds me of you.___ When I tilt___ it to - wards___

week - end._____ Ooh, I put on my shoes and I'm rea - dy for the

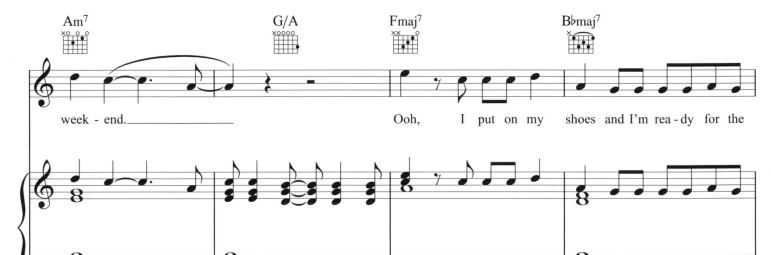

week - end._____ Ooh, I put on my shoes and I'm rea - dy for the

1.

2.

week - end, week - end, week - end, week - end. week - end._____

Ooh, I put on my shoes and I'm rea-dy for the week-end, week-end, week-end, week-end.

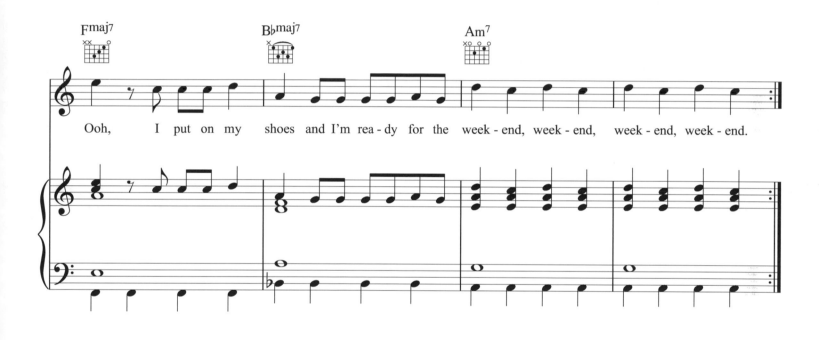

Ooh, I put on my shoes and I'm rea-dy for the week-end, week-end, week-end, week-end.

N.C.

Ooh.

PROMISES

Written by Adam Wiles, Sam Smith and Jessica Reyes

late e-nough_____ for you to come and stay o-

-ver?___ 'Cause we're free to love,___

so tease me, hmm._____

I make no prom-is-es,___ I can't do gold-en rings but I'll give you ev'-ry-thing___ (to-

Day and night, say____ that you're mine 'cause I need____

____ that you're mine.

Say____ that you're mine. ____ that you're mine.

I make no prom - is - es,____ I can't do gold - en rings

SWEET NOTHING

Written by Adam Wiles, Florence Welch and Tom Hull

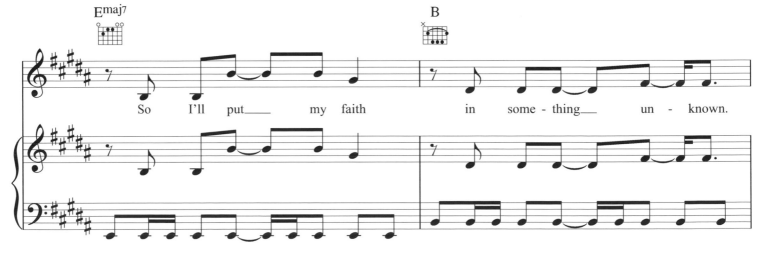

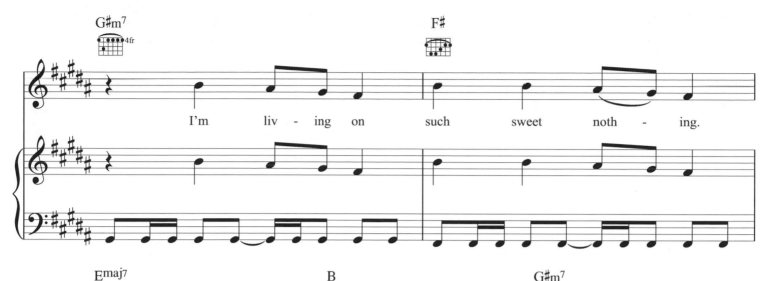

Sweet noth - ing. You're giv-ing me such sweet noth - ing.

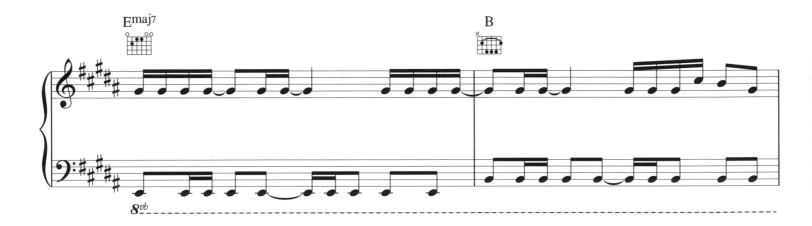

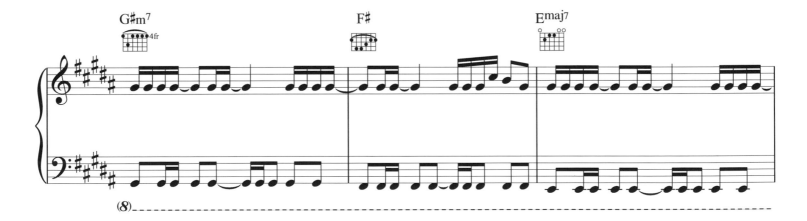

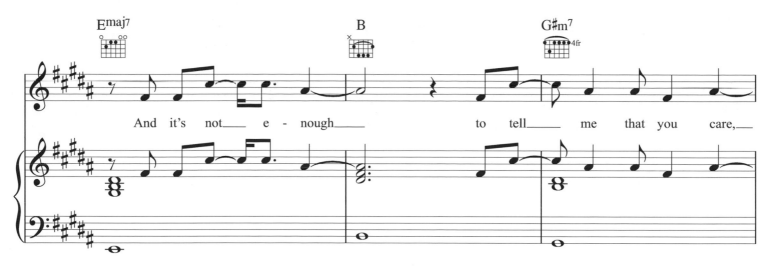

And it's not____ e - nough____ to tell____ me that you care,____

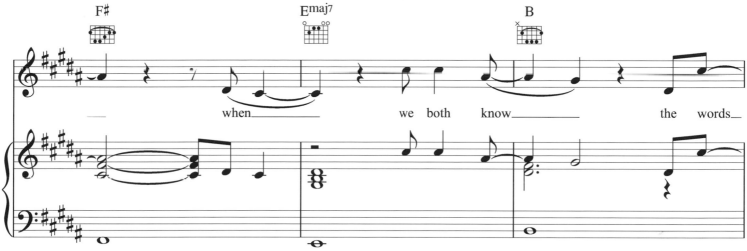

when_____ we both know_____ the words____

____ are emp - ty air._____ You give me noth - ing._____

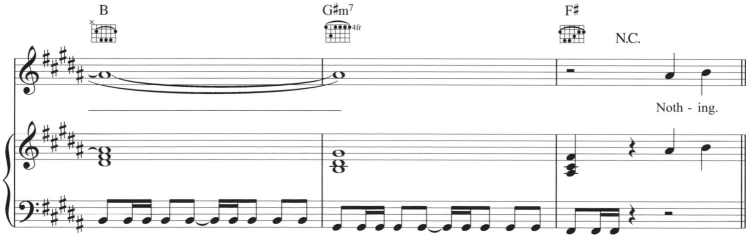

Noth - ing.

SLIDE

Written by Adam Wiles, Christopher Breaux,
Kiari Cephus, Kirsnick Ball and Quavious Keyate Marshall

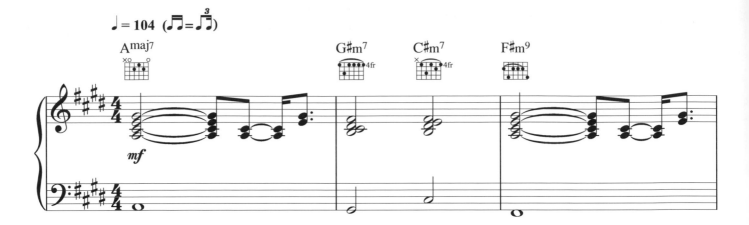

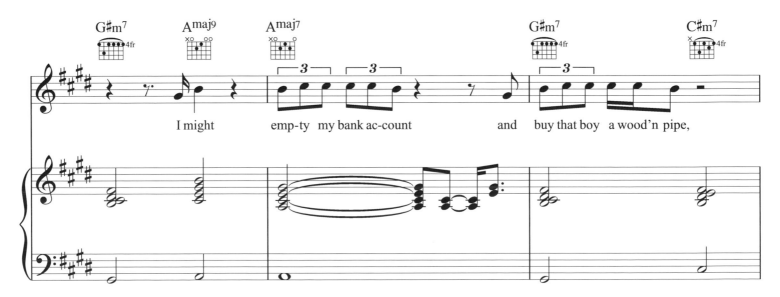

I might emp-ty my bank ac-count and buy that boy a wood'n pipe,

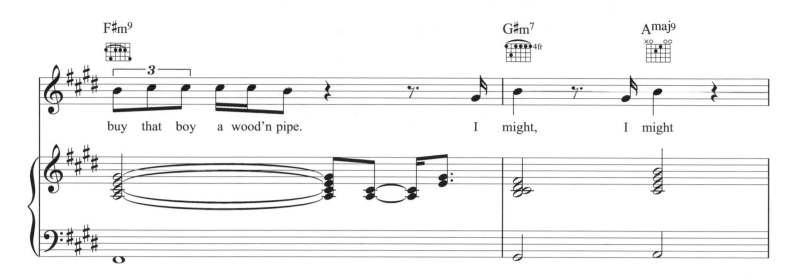

buy that boy a wood'n pipe. I might, I might

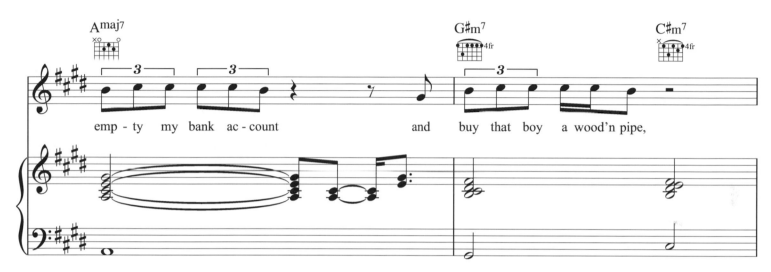

emp-ty my bank ac-count and buy that boy a wood'n pipe,

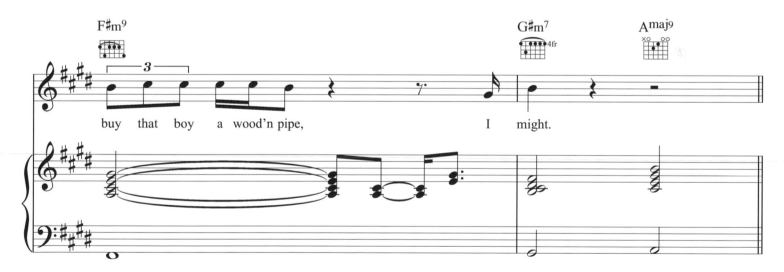

buy that boy a wood'n pipe, I might.

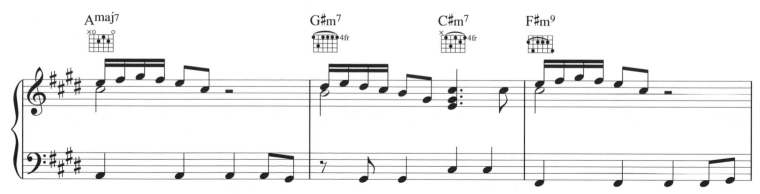

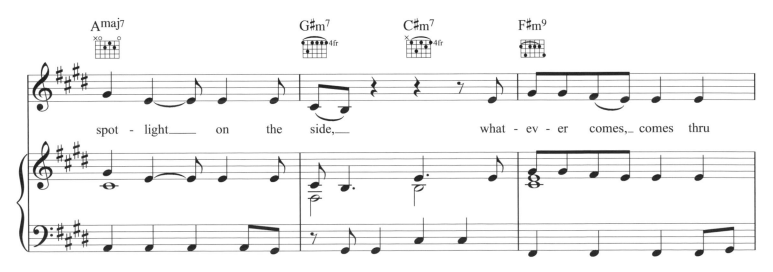

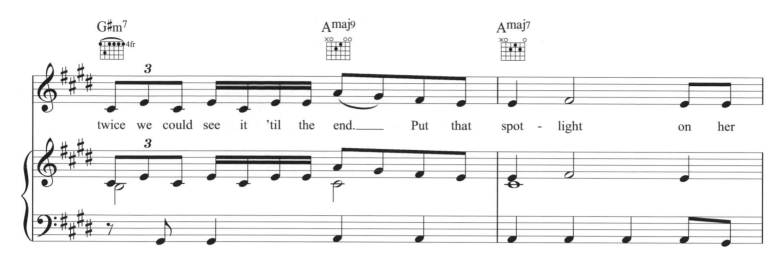

twice we could see it 'til the end.___ Put that spot-light on her

face,___ put that spot-light___ on her face.___ We gon'

pipe up and turn up, pipe up. We gon' light up and burn up, burn up. Ma-ma too

hot like a, (like what?) ma-ma too hot like a fur-nace. I got a hun-dred

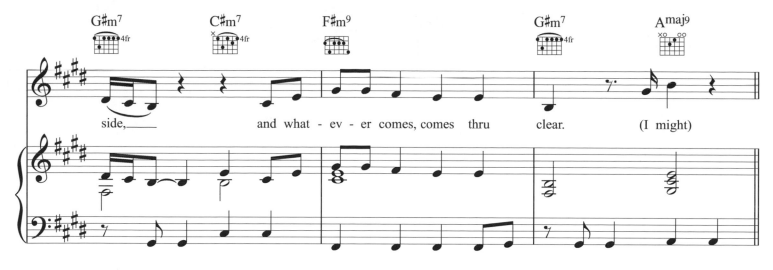

side,_____ and what-ev-er comes, comes thru clear. (I might)

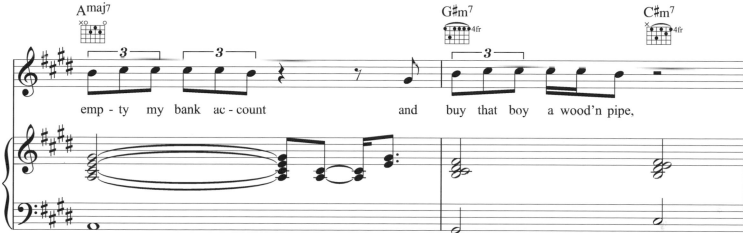

emp-ty my bank ac-count and buy that boy a wood'n pipe,

buy that boy a wood'n pipe, I might, I might. Emp-ty my bank ac-count and

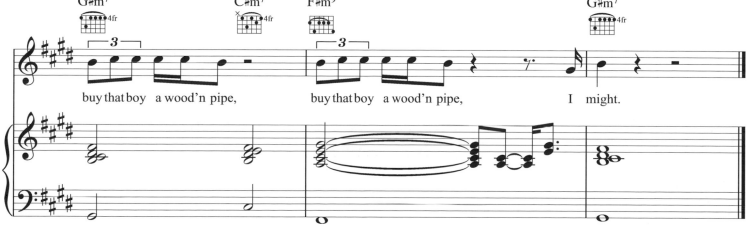

buy that boy a wood'n pipe, buy that boy a wood'n pipe, I might.

SUMMER

Written by Adam Wiles

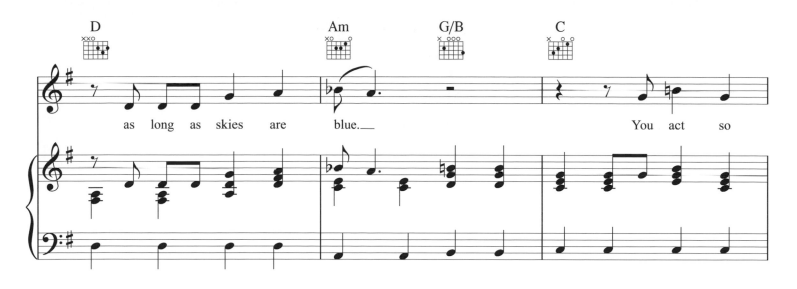

as long as skies are blue.___ You act so

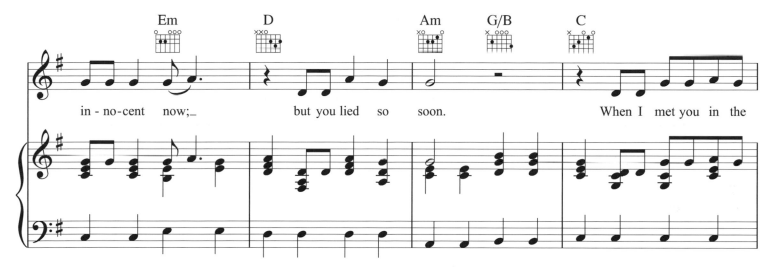

in-no-cent now;_ but you lied so soon. When I met you in the

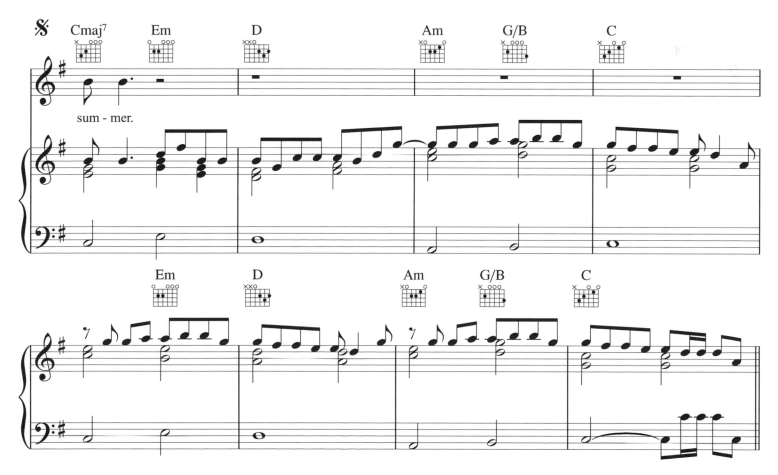

sum - mer.

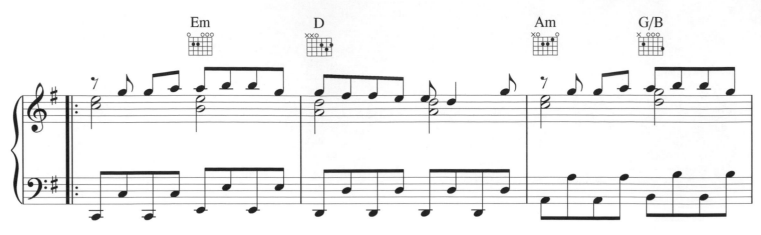

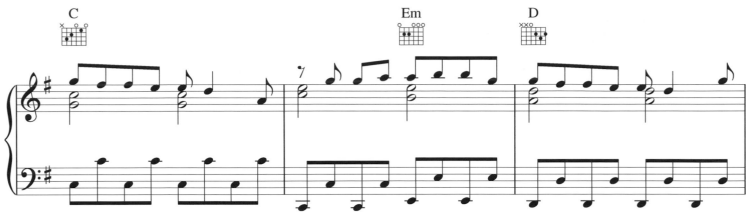

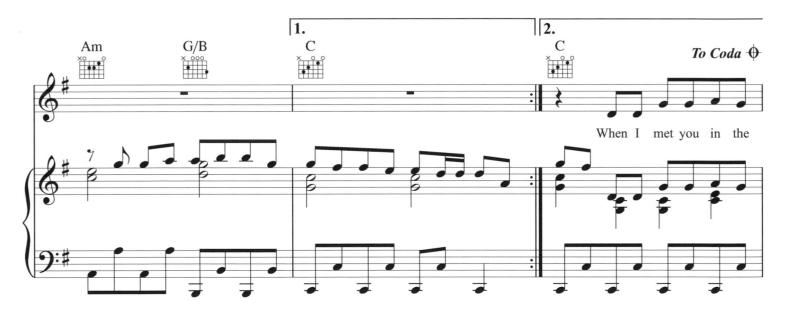

When I met you in the

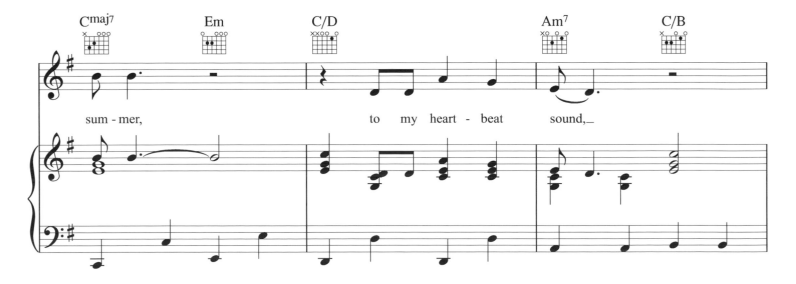

sum - mer,   to my heart - beat   sound,__

we fell in love_____ as the leaves turned

brown. And we could be to-geth-er, ba-by,

as long as skies are blue.__ You act so

in-no-cent now;__ but you lied so soon. When I met you in the

D.S. al Coda
(take repeat)

137

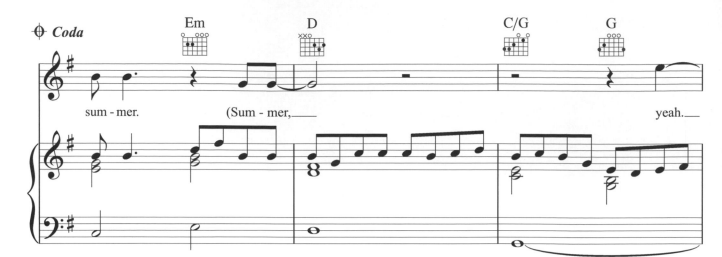

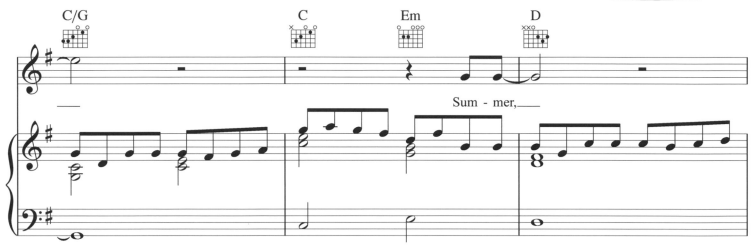

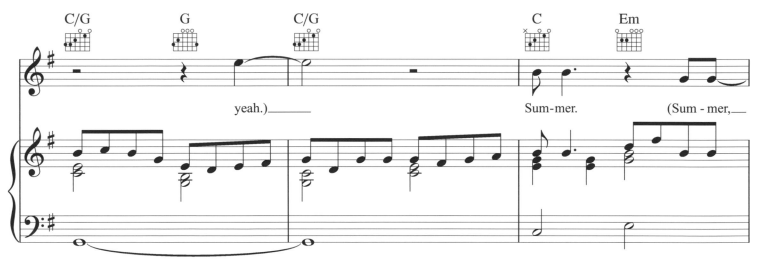

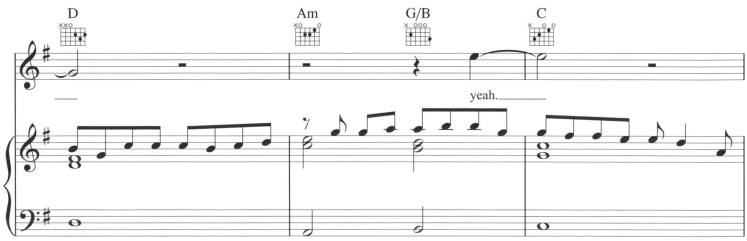

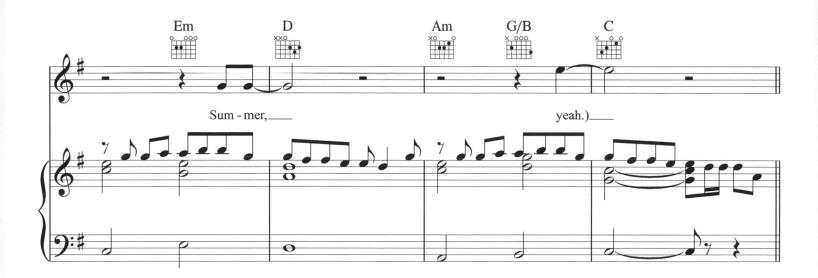

Sum - mer,_____   yeah.)_____

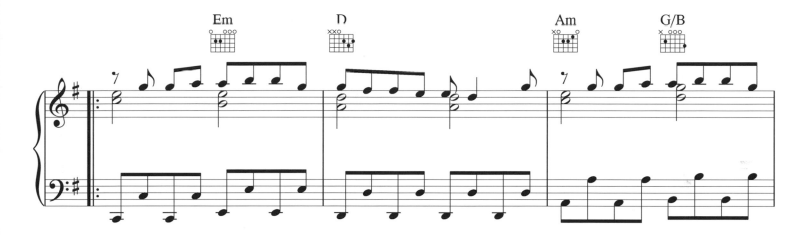

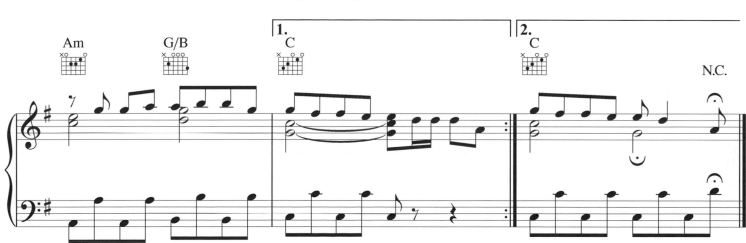

THIS IS WHAT YOU CAME FOR

Written by Taylor Swift and Adam Wiles

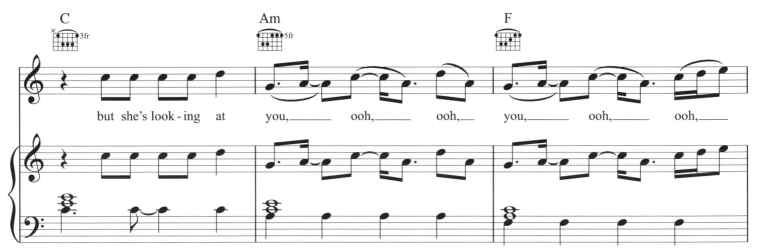

you,____ ooh,____ ooh,____ you,____ ooh,____ ooh,____ you,____ ooh,____ ooh,____

you,____ ooh,____ ooh,_____ ooh._____

Ba - by, this is what you came_ for, light - ning

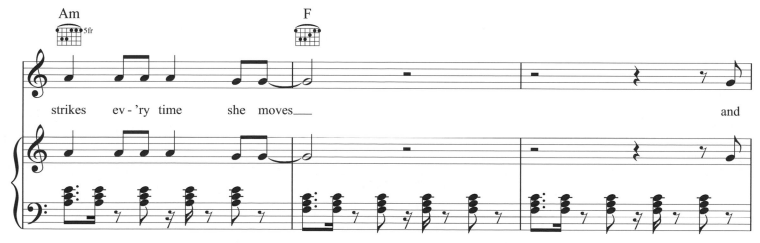

strikes ev - 'ry time she moves_ and

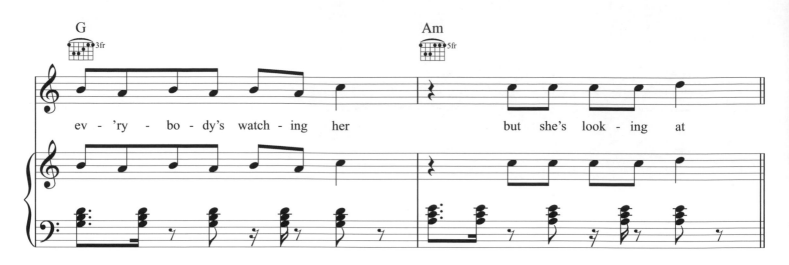

ev - 'ry - bo - dy's watch - ing her but she's look - ing at

(*Vocals an octave higher*)

you,_____ ooh,_____ ooh,_____ you,_____ ooh,_____ ooh,_____

you,_____ ooh,_____ ooh,_____ you,_____ ooh,_____ ooh,_____ you,_____ ooh,_____ ooh,_____

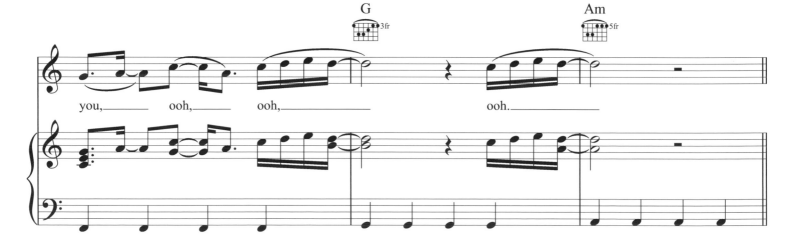

you,_____ ooh,_____ ooh,_____ ooh._____

You,_____ ooh,_____ ooh,_____ you,_____ ooh,_____ ooh,_____

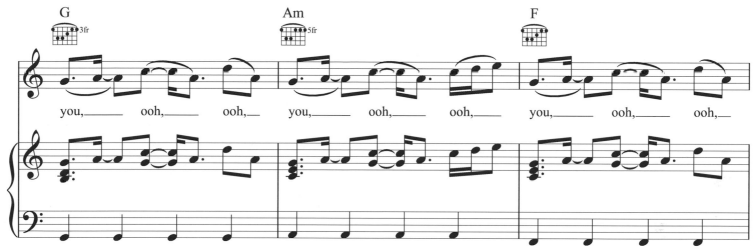

you,_____ ooh,_____ ooh,___ you,_____ ooh,_____ ooh,___ you,_____ ooh,_____ ooh,___

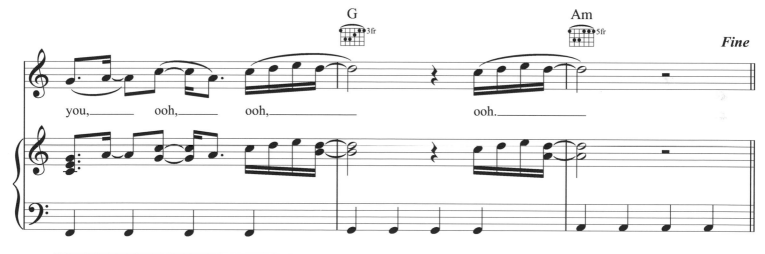

you,_____ ooh,_____ ooh,_____ ooh._____

Fine

1.

We go   fast,   it's the game we play,

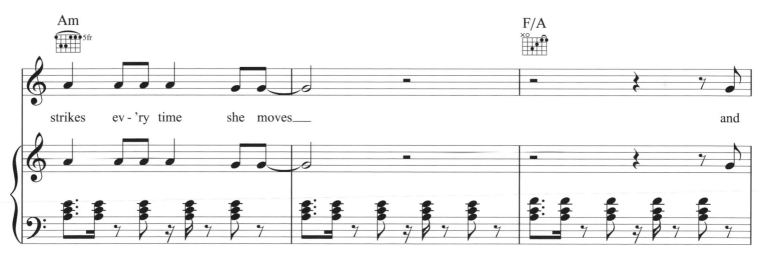

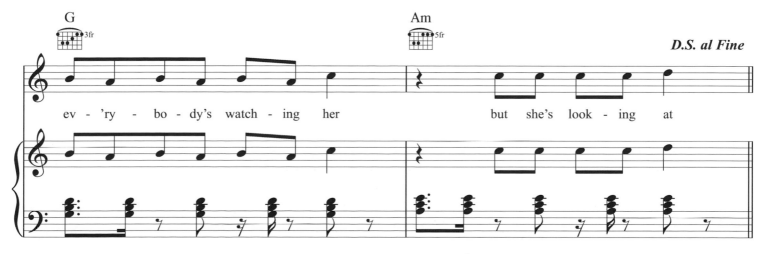

UNDER CONTROL

Written by Adam Wiles, Theo Hutchcraft and Alessandro Lindblad

-dom is a lone-ly road,_____ we're un-der con-trol.__

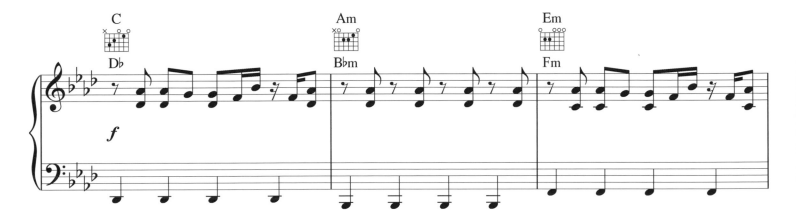

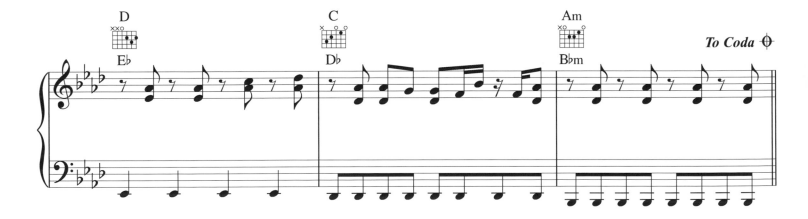

To Coda ⊕

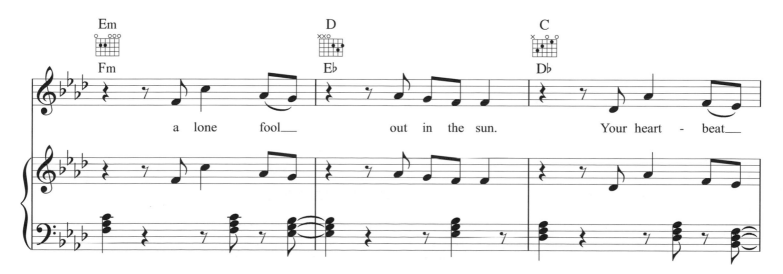

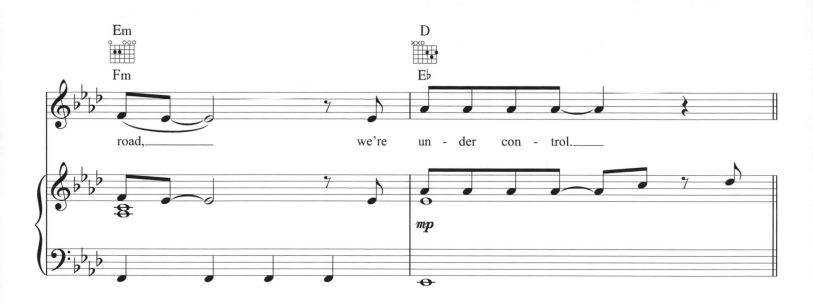

road,_____ we're un - der con - trol._____

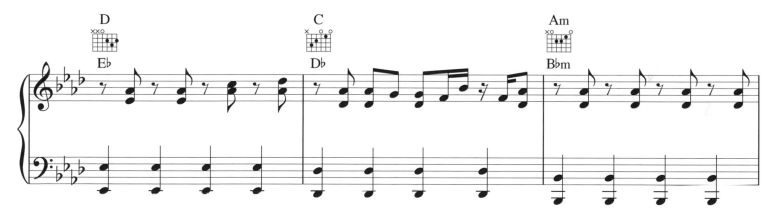

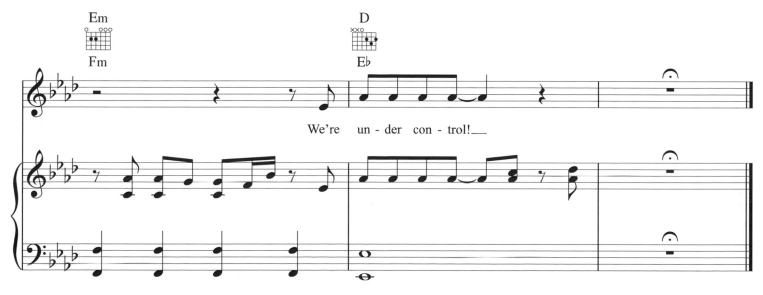

We're un - der con - trol!___

WE'LL BE COMING BACK

Written by Adam Wiles and Elliot Gleave

back... *echo*   We'll be com-ing back   for   you_ one

day._

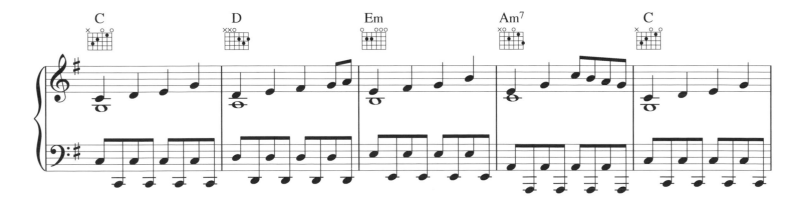

D.C. al Coda

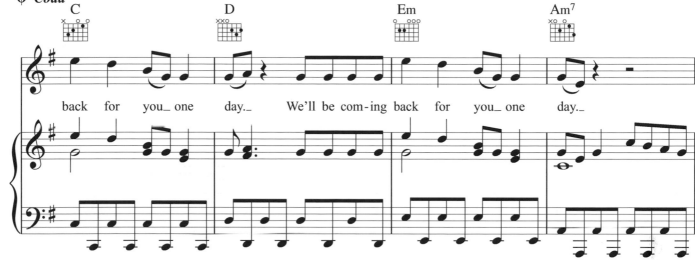

Coda

back for you_ one day._ We'll be com-ing back for you_ one day._

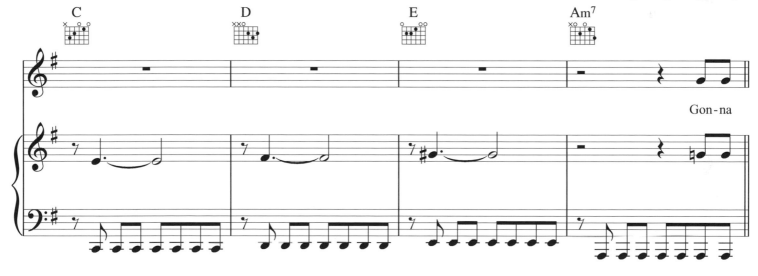

Gon-na

1.

rise,_ gon-na fall,_ get-tin' pulled a-part._ And we all_ do it all_ 'cause it stole our hearts._ Gon-na
light_ up the sky,_ so ig-nore the stars._ And we all_ do it all_ 'cause it

stole our hearts._

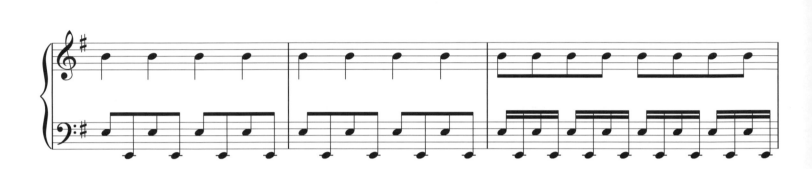

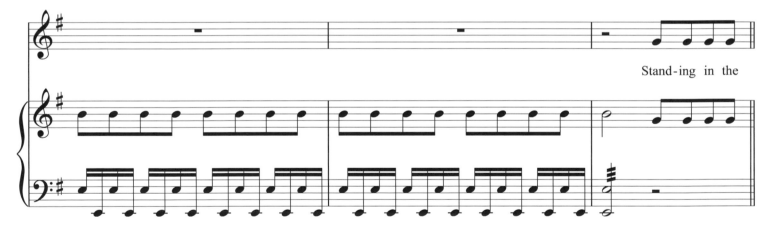

Stand-ing in the

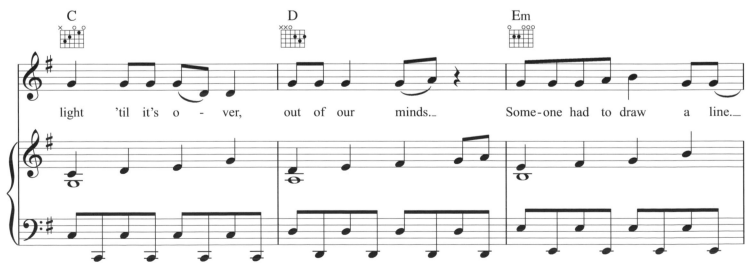

light 'til it's o - ver,   out of our minds._   Some-one had to draw   a line._